Philipp Lutz

Medienwirtschaft für Mediengestalter

2. Auflage 2019

ISBN 978-3-86724-194-6

2. Auflage 2019

© 2019 niederle media

Bezug möglich direkt vom Verlag
niederle media
48341 Altenberge
Fax (02505) 93 98 99
E-Mail: info@niederle-media.de
www.niederle-media.de

Der Inhalt wurde sorgfältig erstellt, bleibt aber ohne Gewähr für Richtigkeit und Vollständigkeit. Nachdruck sowie Verwendung in anderen Medien oder in Seminaren nur mit schriftlicher Genehmigung des Verlags.

▶ Inhalt

▶ Medienwirtschaft für Mediengestalter

▶ Lektion A: Das Rundfunksystem in Deutschland — 7

1. Geschichte — 7
2. Duales Rundfunksystem — 10
   a) Öffentlich-rechtlicher Rundfunk — 10
      aa) Kontrollmechanismen des öffentlich-rechtlichen Rundfunks — 11
         1. Rundfunkrat / Fernsehrat — 11
         2. Verwaltungsrat — 11
         3. Intendant — 12
      bb) Finanzierung des öffentlich-rechtlichen Rundfunks — 12
   b) Privater Rundfunk — 13
      aa) Struktur des privaten Rundfunks — 14
      bb) Finanzierung des privaten Rundfunks — 15
3. Vergleich zwischen öffentlich-rechtlichem und privaten Rundfunk — 15
4. Gesetzliche Vorgaben für die Werbung — 16
   a) Öffentlich-rechtlicher Rundfunk — 16
   b) Privater Rundfunk — 17
5. Besondere Werbeformen — 17
   a) Product Placement — 17
   b) Sponsoring — 18
6. Tausender-Kontakt-Preis — 19

▶ Lektion B: Medienmanipulationen — 21

1. Faktische Fälschung — 21
2. Verzerrte Darstellung — 21
3. Maßnahmen gegen Manipulationen — 22
   a) Selbstverpflichtung der Medien — 22
   b) Gesetzliche Regulierung — 23
   c) Wettbewerb unter Medien — 23
   d) Offenlegung von Besitzverhältnissen und Firmenanteilen — 23

▶ Lektion C: Einschaltquote und Marktanteil — 24

1. Ermittlung der Einschaltquoten (TV & Radio) — 24
2. Kritik an der Ermittlung der Daten — 26

▶ Lektion D: Nachrichtensendung — 27

1. Bestandteile einer Nachrichtensendung — 27
2. Funktionen von Nachrichtensendungen — 27
   a) Meinungsbildungsfunktion — 27
   b) Informationsfunktion — 27
   c) Kritik- und Kontrollfunktion — 28
3. Nachrichten- und Presseagenturen — 28

▶ Lektion E: Urheberrecht — 30

1. Urheberpersönlichkeitsrechte — 31
   a) Veröffentlichungsrecht — 31
   b) Anerkennung der Urheberschaft — 31
   c) Entstellungsverbot — 32
2. Verwertungsrechte — 32
   a) Vervielfältigungsrecht — 32
   b) Verbreitungsrecht — 33
   c) Ausstellungsrecht — 33
3. Nutzungsrechte — 33
   a) Einfaches Nutzungsrecht — 33
   b) Ausschließliches Nutzungsrecht — 34
4. Einschränkungen des Urheberrechts — 35
   a) Vervielfältigungen — 35
   b) Zitate — 35
   c) Freie Benutzung — 35
   d) Öffentliche Reden — 36
   e) Panoramafreiheit — 36
5. Leistungsschutzrechte — 37
6. Internationale Handhabung — 37
7. Verwertungsgesellschaften — 38
8. Internationale Verwertung — 40
9. Vorgehen bei Urheberrechtsverletzungen — 40
10. Creative Commons Lizenzen — 40

▶ Lektion F: Art. 2 GG, Persönlichkeitsrecht, Recht am Bild — 42

1. Folgen bei Bildrechtsverletzungen — 44
2. Persönlichkeitsrecht bei Fernseh- und Kinofilmen — 44

▶ Lektion G: Art. 5 GG — 46

1. Meinungsfreiheit — 46
2. Pressefreiheit — 47
3. Kunstfreiheit — 47

▶ Lektion H: Lasten- und Pflichtenheft — 48

1. Lastenheft — 48
2. Pflichtenheft — 49
3. Begriffserklärungen — 49
   a) Freibleibendes Angebot bzw. unverbindliches Angebot — 49
   b) Preise freibleibend — 50
   c) Ohne Gewähr — 50

▶ Lektion I: Sinus-Milieus — 51

▶ Lektion J: Angestelltenverhältnis - Selbständigkeit — 52

1. Unterscheidung Dienstvertrag vom Werkvertrag — 52
   a) Dienstvertrag — 52
   b) Werkvertrag — 52
   c) Zusammenfassung — 53
2. Begriffserklärung: Unständige Beschäftigungen — 53
3. Selbständigkeit — 54
   a) Ordnungsgemäße Rechnungsstellung — 54
   b) Anmelden einer freiberuflichen Tätigkeit — 55
   c) Scheinselbständigkeit — 57

▶ Lektion K: Effektive Planung von Produktionen — 59

- a) Phasen einer Medienproduktion — 59
  1. Projektentwicklung — 59
  2. Vorproduktion — 59
  3. Dreharbeiten — 60
  4. Postproduktion — 62
  5. Verwertung / Auswertung — 63
- b) Kalkulation — 63
  - I. Vorkosten — 65
  - II. Rechte und Manuskript — 65
  - III. Gagen — 65
  - IV. Atelier — 66
  - V. Ausstattung und Technik — 66
  - VI. Reise- und Transportkosten — 66
  - VII. Filmmaterial und Bearbeitung — 67
  - VIII. Endfertigung — 67
  - IX. Versicherungen — 67
  - X. Allgemeine Kosten — 68
  - XI. Kostenmindernde Erträge — 68
  - A. Fertigungskosten — 68
  - B. HU — 68
  - C. Überschreitungsreserve — 69
  - D. Finanzierungskosten — 69
  - E. Treuhandgebühren — 69
  - F. Completion Bond — 69
  - G. Producers Fee — 69
  - H. Herstellungskosten — 70
- c) Finanzierungsplan — 70
- d) Cashflow-Plan und Recoupment-Plan — 73
- e) Filmförderung / Filmförderinstitutionen — 73
- f) Produktionsarten — 77
- g) Drehplan — 79
- h) Dispo — 80
- i) Drehgenehmigung — 82
- j) Gesetzliche Regelungen zu Arbeitszeiten — 83

▶ Lektion L: Allgemeine Übungsaufgaben — 87

▶ Kurzzusammenfassung: Nutzung von Drohnen — 97

▶ Anhang: Datenschutz-Grundverordnung (DSGVO) — 99

▶ Vorwort

Dieses Skript ist als Vorbereitung für die Mediengestalter-IHK-Abschlussklausur in Medienwirtschaft gedacht.

Der Name **niederle media** steht für Skripten, die zu einem großen Teil von Autoren mit mehrjähriger Lehr-Erfahrung als Hochschullehrer oder AG-Leiter verfasst wurden und die

- klausurrelevante Themen *kompakt* darstellen,
- meist in 1-2 Tagen und demnach *zeitsparend* durchgearbeitet werden können,
- so *verständlich* sind, dass auch Anfänger damit regelmäßig auf Anhieb klarkommen,
- *Fallbeispiele, Übersichten* und *Schemata* enthalten,
- sehr *erschwinglich* sind (ab 7 €).

Aufgrund dieser Eigenschaften sind unsere Skripten hervorragend geeignet für den ersten, unkomplizierten Einstieg in die Materie oder für eine schnelle Wiederholung kurz vor der Prüfung. Dafür drücke ich schon jetzt ganz fest die Daumen,

Jan Niederle

▶ **Unsere** 📖 **Skripten** 📇 **Karteikarten** 🎧 **Hörbücher (CD & MP3)**

Zivilrecht
- 📖 Standardfälle für Anfänger (7,90 €)
- 📖 🎧 Standardfälle BGB AT (7,90 €)
- 📖 🎧 Standardfälle Schuldrecht (7,90 €)
- 📖 🎧 Standardfälle Ges. Schuldverh., §§ 677, 812,823
- 📖 🎧 Standardfälle Sachenrecht (9,90 €)
- 📖 🎧 Standardfälle Familien- und Erbrecht (9,90 €)
- 📖 Klausuren Übung für Fortgeschrittene (7,90 €)
- 📖 🎧 Basiswissen BGB (AT) (Frage-Antwort)
- 📖 🎧 Basiswissen SchuldR (AT) 📖 🎧 SchuldR (BT) (7 €)
- 📖 🎧 Basiswissen Sachenrecht, 📖 🎧 FamR, 📖 🎧 ErbR
- 📖 Einführung in das Bürgerliche Recht (7,90 €)
- 📖 Studienbuch BGB (AT) (12 €)
- 📖 Studienbuch Schuldrecht (AT) (12 €)
- 📖 Schuldrecht (BT) 1 - §§ 437, 536, 634, 670 ff. (9,90 €)
- 📖 Schuldrecht (BT) 2 - §§ 812, 823, 765 ff. (9,90 €)
- 📖 SachenR 1 – Bewegl. S., 📖 SachenR 2 – Unb. S. (9,9 €)
- 📖 Familienrecht und 📖 Erbrecht (Einführungen) (9,90 €)
- 📖 Streitfragen Schuldrecht (7,90 €)
- 📖 🎧 Definitionen für die Zivilrechtsklausur (9,90 €)

Strafrecht
- 📖 🎧 Standardfälle Band 1: für Anfänger (9,90 €)
- 📖 Standardfälle Band 2: für Fortgeschrittene (12 €)
- 📖 Standardfälle StGB Allg. Teil (für Anfänger) (7,90 €)
- 📖 🎧 Basiswissen Strafrecht (AT) (Frage-Antwort)
- 📖 🎧 Basiswissen Strafrecht BT 1 und 📖 🎧 BT 2 (7 €)
- 📖 Strafrecht (AT) (7,90 €)
- 📖 Strafrecht (BT) 1 – Vermögensdelikte (9,90 €)
- 📖 Strafrecht (BT) 2 – Nichtvermögensdelikte (9,90 €)
- 📖 🎧 Definitionen für die Strafrechtsklausur (7,90 €)

Irrtümer und Änderungen vorbehalten!

Öffentliches Recht
- 📖 Standardfälle Staatsrecht I – StaatsorgaR (9,90 €)
- 📖 Standardfälle Staatsrecht II – Grundrechte (9,90 €)
- 📖 🎧 Standardfälle f. Anfänger (StaatsorgaR u. GRe) (7,9 €)
- 📖 Standardfälle Verwaltungsrecht (AT) (9,90 €)
- 📖 Standardfälle Polizei- und Ordnungsrecht (9,90 €)
- 📖 Standardfälle Baurecht (9,90 €)
- 📖 Standardfälle Europarecht (9,90 €)
- 📖 Standardfälle Kommunalrecht (9,90 €)
- 📖 🎧 Basiswissen StaatsR I –StaatsorgaR (Fr-Antw.) (7 €)
- 📖 🎧 Basiswissen StaatsR II –GrundR (Frage-Antw.) (7 €)
- 📖 Basiswissen VerwaltungsR AT– (Frage-Antwort) (7 €)
- 📖 Studienbuch Staatsorganisationsrecht (9,90 €)
- 📖 Studienbuch Grundrechte (9,90 €)
- 📖 Studienbuch Verwaltungsrecht AT (12 €)
- 📖 Studienbuch Europarecht (12,90 €) 🎧 Basiswissen EuR
- 📖 Staatshaftungsrecht (9,90 €)
- 📖 VerwaltungsR AT 1 – VwVfG u. 📖 AT 2–VwGO (7,90 €)
- 📖 VerwaltungsR BT 1 – POR (9,90 €)
- 📖 VerwaltungsR BT 2 – BauR 📖 BT 3 – UmweltR (9,90 €)
- 📖 🎧 Definitionen Öffentliches Recht (9,90 €)

Steuerrecht
- 📖 Abgabenordnung (AO) (9,90 €)
- 📖 Erbschaftsteuerrecht (9,90 €)
- 📖 Steuerstrafrecht/Verfahren/Steuerhaftung (7,90 €)

Sozialrecht
- 📖 Kinder- und Jugendhilferecht (7,90 €)
- 📖 Sozialrecht (9,90 €)

Nebengebiete
- 📖 🎧 Standardfälle Handels- & GesR (9,90 €)
- 📖 🎧 Standardfälle Arbeitsrecht (9,90 €)
- 📖 Standardfälle ZPO (9,90 €)
- 📖 🎧 Basiswissen HandelsR (Frage-Antwort) (7,9 €)
- 📖 🎧 Basiswissen Gesellschaftsrecht (7,90 €)
- 📖 🎧 Basiswissen ZPO (Frage-Antwort) (7,90 €)
- 📖 🎧 Basiswissen StPO (Frage-Antwort) (9,90 €)
- 📖 Handelsrecht (9,90 €)
- 📖 Gesellschaftsrecht (9,90 €)
- 📖 Arbeitsrecht (9,90 €)
- 📖 Kollektives Arbeitsrecht (9,90 €)
- 📖 ZPO I – Erkenntnisverfahren (9,90 €)
- 📖 ZPO II – Zwangsvollstreckung (9,90 €)
- 📖 Strafprozessordnung – StPO (9,90 €)
- 📖 Einf. Internationales Privatrecht - IPR (9,90 €)
- 📖 Standardfälle IPR (9,90 €)
- 📖 Insolvenzrecht (9,90 €)
- 📖 Gewerbl. Rechtsschutz/Urheberrecht (9,90 €)
- 📖 Wettbewerbsrecht (9,90 €)
- 📖 Ratgeber 500 Spezial-Tipps für Juristen (12 €)
- 📖 Mediation (7,90 €)
- 📖 Sportrecht (9,90 €)

Karteikarten (je 9,90 €)
- 📇 Zivilrecht: BGB AT/SchuldR/Grundlagen/Schemata
- 📇 Strafrecht: AT/BT-1/BT-2/Streitfragen
- 📇 Öff. R.: StaatsorgaR/GrundR/VerwR/Schemata

Assessorexamen
- 📖 Der Aktenvortrag im Strafrecht (7,90 €)
- 📖 Der Aktenvortrag im Zivilrecht (7,90 €)
- 📖 Der Aktenvortrag im Öffentlichen Recht (9,90 €)
- 📖 Staatsanwaltl. Sitzungsdienst & Plädoyer (9,90 €)
- 📖 Die strafrechtliche Assessorklausur (7,90 €)
- 📖 Die Assessorklausur VerwR Bd. 1 (7,90 €)
- 📖 Die Assessorklausur VerwR Bd. 2 (7,90 €)
- 📖 Vertragsgestaltung in der Anwaltsstation (7 €)

Irrtümer und Änderungen vorbehalten!

BWL
- 📖 Einführung i. die Betriebswirtschaftslehre (7,90 €)
- 📖 Organisationsgestaltung & -entwickl. (9,90 €)
- 📖 Fallstudien Organisationsgestaltung & -entwickl. (9,90 €)
- 📖 Internationales Management (7 €)
- 📖 Wie gelingt meine wiss. Abschlussarbeit? (7 €)
- 📖 Medienwirtschaft für Mediengestalter (14,90 €)

Irrtümer und Änderungen vorbehalten!

Schemata
- 📖 Die wichtigsten Schemata-ZivR,StrafR,ÖR (14,90)
- 📖 Die wichtigsten Schemata–Nebengebiete (9,90 €)

🎧 bedeutet: auch als **Hörbuch** (CD oder MP3-Download) lieferbar!

Bei **niederle-media.de** bestellte Artikel treffen idR *nach 1-2 Werktagen* ein!

A. Das Rundfunksystem in Deutschland

Medien – und damit auch der Rundfunk, d. h. Fernsehen und Radio – haben eine große Bedeutung in unserer Gesellschaft. Oft werden sie neben der gesetzgebenden, vollziehenden und rechtsprechenden Gewalt (Legislative, Exekutive, Judikative) als „**vierte Gewalt**" bezeichnet.

Die Medien erfüllen grundlegende Funktionen: Sie sollen das Volk informieren und durch Kritik und Diskussion zur Meinungsbildung beitragen.

In Deutschland sind für das Rundfunkwesen legislativ die **Bundesländer** zuständig = Kulturhoheit der Länder: „Rundfunk ist Ländersache". Rechtsgrundlage dafür ist **Art. 30 GG**: „Die Ausübung der staatlichen Befugnisse und die Erfüllung der staatlichen Aufgaben ist Sache der Länder, soweit dieses Grundgesetz keine andere Regelung trifft oder zulässt".

Kurz: Rundfunk – öffentlich-rechtlich wie privat – ist laut GG also Ländersache.

Dann gibt es noch den **Rundfunkstaatsvertrag**, der für alle 16 Bundesländer gilt. Er schafft bundeseinheitliche Regelungen für das Rundfunkrecht.
Erster Rundfunkstaatsvertrag: April 1987. Der Rundfunkstaatsvertrag wurde mittlerweile neunzehn Mal geändert.

1. Geschichte

In der NS-Zeit kam es zu einem Missbrauch der Medien. So hatte Adolf Hitler unter anderem die Pressefreiheit aufgehoben, einzelne Zeitungen verboten und den Rundfunk zentralisiert. Es war an der Tagesordnung, dass kritische Journalisten ausgetauscht wurden beziehungsweise sie ein Berufsverbot erhielten. Nur wer die Rasse-Voraussetzungen erfüllte und politisch unkritisch war, konnte weiterarbeiten.

Es wurde genau vorgeschrieben, worüber und was berichtet werden konnte. Die Medien sollten nur noch die Ideologie der Nationalsozialisten verkünden.

Nach dem Zweiten Weltkrieg – d. h. nach dem 8. Mai 1945 – bauten die alliierten Siegermächte zügig in den von ihnen kontrollierten Besatzungszonen den Rundfunk wieder auf.

Es kam zu einer **Neuordnung** des Rundfunkwesens in Deutschland. Die Sender sollten nach dem Willen der Alliierten **unabhängig** und **staatsfern** sein. Nie wieder sollten Medien als Propagandainstrument missbraucht werden. Dieser Kerngedanke der Unabhängigkeit und der Staatsferne drückte sich in der Struktur des **öffentlich-rechtlichen Rundfunks** aus.

Der Rundfunk wurde – ähnlich wie das damalige britische Modell der BBC – in Form von **selbständigen Anstalten des öffentlichen Rechts** organisiert.

Die Anstalten in den Bundesländern unterstanden der staatlichen Rechtsaufsicht, waren aber mit Selbstverwaltungskompetenzen ausgestattet und von jeglicher Programmkontrolle staatlicher Behörden befreit.

Bis 1976 wurden die Gebühren von der Bundespost eingezogen, danach von der rundfunkeigenen Gebühreneinzugszentrale (GEZ).
Die **Finanzierung** des öffentlich-rechtlichen Rundfunks sollte die **Unabhängigkeit** der Anstalten sichern. Auf Steuergelder waren und sind die Anstalten nicht angewiesen.

Im Juni 1950 gründete sich die **ARD** (= Arbeitsgemeinschaft der öffentlich-rechtlichen Rundfunkanstalten der Bundesrepublik Deutschland) aus sechs Landesrundfunkanstalten.

Derzeit gibt es **neun Landesrundfunkanstalten:**

- BR: Bayerischer Rundfunk; Sitz: München;
- HR: Hessischer Rundfunk; Sitz: Frankfurt/Main;
- MDR: Mitteldeutscher Rundfunk; Sitz: Leipzig;
- NDR: Norddeutscher Rundfunk; Sitz: Hamburg;
- Radio Bremen: Sitz: Bremen;
- RBB: Rundfunk Berlin-Brandenburg; Sitz: Berlin, Potsdam;
- SR: Saarländischer Rundfunk; Sitz: Saarbrücken;
- SWR: Südwestrundfunk; Sitz: Stuttgart;
- WDR: Westdeutscher Rundfunk; Sitz: Köln.

Rangliste der Größe der Anstalten nach den Finanzen: WDR, SWR, NDR, BR, MDR, HR, RBB, SR, Radio Bremen.

Die einzelnen Landesrundfunkanstalten sind für folgende **Bundesländer** zuständig (Hörfunk + Fernsehen):

- BR: Bayern;
- HR: Hessen;
- MDR: Sachsen, Sachsen-Anhalt, Thüringen;
- NDR: Hamburg, Mecklenburg-Vorpommern, Schleswig-Holstein, Niedersachsen;
- Radio Bremen: Bremen;
- RBB: Berlin, Brandenburg;
- SR: Saarland;
- SWR: Baden-Württemberg, Rheinland-Pfalz;
- WDR: Nordrhein-Westfalen.

Weiteres Mitglied der ARD ist die Anstalt des Bundesrechts **Deutsche Welle**.

Die Geschäftsführung der ARD liegt jeweils für ein Jahr bei einer der Mitgliedsanstalten. Der Intendant der geschäftsführenden Anstalt ist dann der Vorsitzende der ARD.

„**Das Erste**": Das deutschlandweite Fernsehprogramm ist eine **Gemeinschaftsproduktion** der Landesrundfunkanstalten, wobei die Deutsche Welle davon ausgenommen ist.
Das heißt: Die Produktion von Fernsehsendungen und Programmen erfolgt durch die Zusammenarbeit der einzelnen rechtlich und wirtschaftlich **unabhängigen** neun Landesrundfunkanstalten.
Circa ein Viertel des Programmanteils wird vom WDR produziert.

Im April 1963 begann das **ZDF** (= Zweites Deutsches Fernsehen) mit seinen Ausstrahlungen. Das ZDF hat seinen Sitz in Mainz.

Des Weiteren gehört zum öffentlich-rechtlichen Rundfunk auch das **Deutschlandradio**, das außer von der ARD auch vom ZDF getragen wird.

Die ARD und das ZDF betreiben **zusammen** die Fernsehsender: ARTE, 3sat, Phoenix, KiKA.

2. Duales Rundfunksystem

Mit der Einführung des privaten Fernsehens Anfang der 80er Jahre setzt sich in Deutschland ein duales Rundfunksystem durch. Darunter versteht man das **gleichzeitige Existieren** von privatwirtschaftlichen und öffentlich-rechtlichen Rundfunkanstalten.

Die öffentlich-rechtlichen Rundfunkanstalten und privaten Rundfunkveranstaltern sind jeweils unterschiedlich organisiert und finanziert.

Die beiden Säulen des dualen Rundfunks stellen sich wie folgt dar:

a) Öffentlich-rechtlicher Rundfunk

Die Eigenschaften und Aufgaben ergeben sich aus ständiger Rechtsprechung des Bundesverfassungsgerichts zur Rundfunkfreiheit aus **Art. 5 I GG** (= sog. „**Rundfunkurteile**").

Der öffentlich-rechtliche Rundfunk (Hörfunk, Fernsehen, Internet) hat den verfassungsrechtlich vorgegebenen Auftrag, einen Beitrag zur individuellen und öffentlichen **Meinungsbildung** zu leisten. Hierdurch trägt er zu einem funktionierenden demokratischen Gemeinwesen bei. Die Programmangebote stehen hierbei für alle Bevölkerungs- und Altersgruppen bereit.

Der öffentlich-rechtliche Rundfunk hat einen sog. „**Grundversorgungsauftrag**" (= 4. Rundfunkurteil des Bundesverfassungsgerichts vom November 1986). Dieser beinhaltet:

- die **technische Gewährleistung** des Rundfunkempfanges für die gesamte Bevölkerung;

- ein inhaltlich **umfassendes Programmangebot**: Information, Bildung und Unterhaltung;

- eine ungekürzte Darstellung der **Meinungsvielfalt**.

Wichtig: Unter Grundversorgung ist nicht eine bloße Mindestversorgung zu verstehen, sondern Grundversorgung umschreibt die **technische und inhaltliche Sicherung** einer umfassenden Berichterstattung.

> **Kurz:** Grundversorgung = Vielfältiges Programm für die Allgemeinheit + möglichst flächendeckende Übertragung.

Hieraus geht auch eine **Bestands- und Entwicklungsgarantie** für den öffentlich-rechtlichen Rundfunk hervor, denn er ist dazu verpflichtet, für neue Publikumsinteressen, Formen und Inhalte offen zu bleiben.

Der „Grundversorgungsauftrag" ergibt sich aus dem **Grundgesetz** und aus dem **Rundfunkstaatsvertrag**.

aa) Kontrollmechanismen und Aufsicht des öffentlich-rechtlichen Rundfunks

1. Rundfunkrat bzw. beim ZDF **Fernsehrat** genannt: Dieser vertritt die Interessen der Allgemeinheit und überwacht die Einhaltung der **Programmgrundsätze** und Meinungspluralität.

Er setzt sich aus Vertretern aller gesellschaftlich relevanten Gruppen zusammen (z. B. Gewerkschaften, Kirchen, Frauenverbände, Fraktionen etc.).
Der Rundfunkrat/Fernsehrat soll einen **Querschnitt der Bevölkerung** abbilden.

Anmerkung: Bereits öfters stand die Zusammensetzung von Rundfunkräten in der Kritik. Wenn z. B. der Anteil der Staatsvertreter bei ca. 50 % liegt, kann von einer Staatsferne nicht mehr gesprochen werden – ein beherrschender Einfluss von Staatsvertretern könnte auftreten. Daher ist es wichtig, dass weder der Staat noch andere Hoheitsträger im Rundfunkrat/Fernsehrat dominieren.

Die **Anzahl der Mitglieder** schwankt zwischen 16 und 77.

Amtszeit des Rundfunkrates: Je nach Anstalt 4 bis 6 Jahre.

Der Rundfunkrat/Fernsehrat berät den **Intendanten**. Außerdem wählt er den **Intendanten** und auch den **Verwaltungsrat**.

2. Verwaltungsrat: Der Verwaltungsrat kontrolliert die **wirtschaftliche Tätigkeit** der Rundfunkanstalt und die **Geschäftsführung des Intendanten.** Er besitzt also – im

Gegensatz zum Rundfunkrat – keinen unmittelbaren Einfluss auf die Gestaltung der Programme.

Der Verwaltungsrat setzt sich in der Regel aus 6 bis 15 Mitgliedern zusammen. Seine Mitglieder sind **Persönlichkeiten des öffentlichen Lebens** und dürfen nicht gleichzeitig dem Rundfunkrat angehören.

Die **Amtszeit** des Verwaltungsrats beträgt je nach Rundfunkanstalt 4 bis 7 Jahre.

3. Intendant: Der Intendant ist für die **Programmgestaltung** und für die generelle **Geschäftsführung** verantwortlich. Er vertritt die Rundfunkanstalt nach außen hin.

Je nach Anstalt wird der Intendant für 4 bis 6, beim Hessischen Rundfunk sogar für 9 Jahre gewählt, wobei eine Wiederwahl sowie vorzeitige Abberufung aus wichtigem Grund möglich sind.

bb) Finanzierung des öffentlich-rechtlichen Rundfunks

Finanziert wird der öffentlich-rechtliche Rundfunk überwiegend durch den **Rundfunkbeitrag** und nur zu einem geringeren Teil aus Werbeeinnahmen.

Vor dem Rundfunkbeitrag gab es die **Rundfunkgebühr**. Seit dem 01.01.2013 ist der Anknüpfungspunkt für den **Rundfunkbeitrag** die **Wohnung** oder Betriebsstätte. Eine Wohnung – ein Betrag. Es spielt also keine Rolle mehr, ob Rundfunkempfangsgeräte (TV, Radio, PC) wirklich vorhanden sind.

Vor dem 01.01.2013 war dagegen die Rundfunkgebühr an den Besitz eines Rundfunkempfangsgeräts gebunden. Diese Gebühr war demnach **gerätebezogen**.

Seit dem 1. April 2015 beträgt der Rundfunkbeitrag 17,50 Euro im Monat. Der Betrag wurde durch die Reform der Rundfunkfinanzierung von 17,98 Euro um 48 Cent gesenkt. Die ARD erhält hiervon 12,37 Euro, das ZDF 4,32 Euro, das Deutschlandradio 0,48 Euro und die Landesmedienanstalten 0,33 Euro.

Der Rundfunkbeitrag wird durch eine **unabhängige Kommission** (**KEF** = Kommission zur Ermittlung des Finanzbedarfs der Rundfunkanstalten) festgelegt.

b) Privater Rundfunk

Der **Binnenpluralismus**, nach dem die öffentlich-rechtlichen Sender funktionieren, ist auf die privaten Rundfunkveranstaltern **nicht** zu übertragen. Denn diese finanzieren sich im Wesentlichen aus **Werbeeinnahmen** und müssen sich daher stärker dem marktwirtschaftlichen Wettbewerb anpassen.
Diese Anpassung erfolgt dadurch, dass sie ihr Programmangebot ausschließlich an der Höhe der Einschaltquoten orientieren.

> **Begriffserläuterungen:**
> **Binnenpluralismus** = Herstellung + Gewährleistung der verfassungsrechtlich geforderten Vielfalt des Programmangebots und des Meinungsspektrums;
> **Außenpluralismus** = Durch die Vielfalt von Fernsehprogrammanbietern wird die nötige Ausgewogenheit hergestellt.

Die Verpflichtung zu inhaltlicher Vollständigkeit und Ausgewogenheit, also d. h. der **Grundstandard gleichwertiger Vielfalt**, gilt nicht für jeden einzelnen privaten Veranstalter, sondern lediglich für das **Gesamtangebot** aller privaten Rundfunkprogramme. Dies wird im 4. Rundfunkurteil des Bundesverfassungsgerichts von 1986 festgehalten.

Landesmedienanstalten, die durch Landesrundfunk- und Landesmediengesetze seit 1984 in allen Bundesländern geschaffen wurden, haben die Aufgabe, auf eine pluralistische Meinungsvielfalt durch eine Vielzahl von unterschiedlichen privaten Programmanbietern zu achten (**Außenpluralismus**).

Landesmedienanstalten sind mit dem Privileg der Selbstverwaltung ausgestattete, staatsferne, rechtskräftige Anstalten des öffentlichen Rechts.

> **Kurz:** Landesmedienanstalt = Aufsichtsbehörde für privaten Hörfunk und privates Fernsehen.

In Deutschland gibt es insgesamt **14 Landesmedienanstalten**. Die Länder Berlin und Brandenburg sowie Schleswig-Holstein und Hamburg haben jeweils gemeinsame Landesmedienanstalten.

Die Landesmedienanstalten vergeben die **Lizenzen** für private Rundfunkanbieter (Hörfunk- und Fernsehveranstalter). Ferner **überwachen** die Landesmedienanstalten, ob das Programm der privaten Rundfunkanbieter **inhaltlich ausgewogen** ist und ob sich die Sender an **gesetzliche Vorgaben** halten (z. B. Bindung an die Verfassung, Jugendschutz, Regelungen von Werbung und Sponsoring).
Bei Verstößen werden Geldbußen verhängt oder im extremen Fall auch die Lizenz entzogen.

Finanziert werden die Landesmedienanstalten durch die Rundfunkbeiträge. Derzeit sind es 0,33 Euro des Rundfunkbeitrages.

aa) Struktur des privaten Rundfunks

Ziel der privaten Rundfunkveranstalter ist es, mit ihren Programmen ein großes Publikum anzusprechen, denn damit sind hohe Werbeeinnahmen verbunden, mit denen sie eine möglichst hohe Gewinnmaximierung erzielen können.
Daher organisieren sie ihre Sendeanstalten nach dem Muster von **privatwirtschaftlichen Unternehmen** bzw. **Aktiengesellschaften**.
Folge davon: Hohe Konzentrationstendenzen und eine Vorherrschaft einzelner Veranstaltungsgruppen (z. B. Bertelsmann-Konzern; ProSiebenSat. 1 AG).

Eine kartellrechtliche Kontrolle zur Verhinderung einseitiger Meinungsmächte hat nicht mehr ausgereicht. Daher wurde ein **unabhängiges Kontrollgremium** geschaffen, das als Wächter über Verflechtungen der Fernsehgesellschaften und Zuschauermarktanteile fungieren soll.
Es handelt sich hierbei um die Kommission zur Ermittlung der Konzentration (**KEK**).
Rechtsgrundlage bildet der Rundfunkstaatsvertrag.
An Überschreitungen knüpfen sich z. B. Übernahmebeschränkungen oder Auflagen zur Sicherung der Meinungsvielfalt.

bb) Finanzierung des privaten Rundfunks

Finanziert wird der Programmbetrieb im Wesentlichen aus **Werbeeinnahmen** und Sponsoring.

3. Zusammenfassung: Vergleich zwischen öffentlich-rechtlichem und privatem Rundfunk

	Öffentlich-rechtlicher Rundfunk
Aufgaben:	Grundversorgung
Finanzierung:	Rundfunkbeitrag, Werbung = duale Finanzierung
Kontrolle:	Innere Kontrolle durch Gremien: Rundfunkrat / Verwaltungsrat
Struktur:	Rundfunkrat, Verwaltungsrat, Intendant
Zulassung:	Per Gesetz bzw. länderübergreifend per Staatsvertrag

	Privater Rundfunk
Aufgaben:	Grundstandard gleichwertiger Vielfalt muss gewährleistet sein
Finanzierung:	Werbung, Sponsoring
Kontrolle:	Landesmedienanstalten
Struktur:	Privatwirtschaftliche Struktur entsprechend der Gesellschaftsform (GmbH, AG etc.)
Zulassung:	Durch die Landesmedienanstalten als Voll- oder als Spartenprogramm

> **Begriffserläuterungen:**
> **Vollprogramm** = Hörfunk- oder Fernsehprogramm mit vielfältigen Inhalten (Information, Bildung, Unterhaltung) = ausgewogene Mischung. Beispiele: RTL, ZDF;
> **Spartenprogramm** = Hörfunk- oder Fernsehprogramm, das sich auf spezielle Themen und Sendeformate spezialisiert. Beispiel: KiKA.

4. Gesetzliche Vorgaben für die Werbung im öffentlich-rechtlichen und privaten Rundfunk

a) Öffentlich-rechtlicher Rundfunk

Umfang und Inhalt der Werbung sind im **Rundfunkstaatsvertrag** festgelegt.

Werktäglich dürfen höchstens bis zu **20 Minuten** Werbung ausgestrahlt werden, wobei „**Dritte Programme**" (z. B. 3sat, Phoenix, KiKA etc.) **werbefrei** bleiben müssen.

Ferner müssen Gottesdienstübertragungen, Kindersendungen und Nachrichtensendungen – sofern die Nachrichtensendungen kürzer als 30 Minuten sind – **werbefrei** bleiben.

Nach 20 Uhr und an **Sonn-** und **Feiertagen** ist es generell **verboten**, Werbung zu senden.

Schleichwerbung ist ebenfalls **verboten**. Hier werden Produkte platziert, ohne dass darauf hingewiesen wird.

Spotwerbung ist auf **12 Minuten** pro Stunde begrenzt.

Werbung ist nur für wirtschaftliche Zwecke, nicht aber für politische Ziele oder religiöse, weltanschauliche Überzeugungen erlaubt. Ebenso ist es nicht erlaubt, für Tabakwaren und verschreibungspflichtige Medikamente zu werben.

Das **Trennungsgebot** fordert die **strikte Trennung** von **Werbung** und **Programm** – durch z. B. optische oder akustische Signale. Die „Mainzelmännchen" im ZDF fungieren beispielsweise als Trennkriterium. Durch diese Trennung sollen Irreführungen und Verwechslungen beim Zuschauer vermieden werden.

b) Privater Rundfunk

20 % der täglichen Sendezeit darf mit Werbung gefüllt werden.
Die Verteilung der Werbespots ist – im Gegensatz zu den öffentlich-rechtlichen Sendern – **unbegrenzt**.

5. Besondere Werbeformen bei dem öffentlich-rechtlichen und privaten Rundfunk

a) Product Placement (= Produktplatzierung)

Gezielte Darstellung von Markenprodukten in diversen Medien, zum Beispiel in Form einer realen Requisite in einem Spielfilm.
Die Produktplatzierung in Film und Fernsehen erfolgt üblicherweise gegen **Entgelt**.

Rechtliche Zulässigkeit: Jede Werbemaßnahme muss so beschaffen sein, dass ihr werbender Charakter von dem Angesprochenen erkannt werden kann.
Aus dem Trennungsgebot folgt die Unzulässigkeit der Schleichwerbung und zwar sowohl für den öffentlich-rechtlichen als auch für den privaten Rundfunk.

Für den **öffentlich-rechtlichen Rundfunk** gelten bzgl. des Product Placement **strengere Regeln** als für den privaten Rundfunk.
Bei **Eigen-** oder **Auftragsproduktionen** dürfen die öffentlich-rechtlichen Sender nicht auf Product Placement zurückgreifen. Diese Einschränkung trifft auf den privaten Rundfunk nicht zu.
Allerdings dürfen die öffentlich-rechtlichen Sender auf sog. **unentgeltliche Produktionshilfen** zurückgreifen. Davon ist auszugehen, wenn der Wert von 10.000 Euro unterschritten ist.

Product Placement darf bei dem **öffentlich-rechtlichen Rundfunk** nur in Filmen, Serien, Sportsendungen und Sendungen der leichten Unterhaltung erfolgen.

Allgemein gilt: **Zu Beginn** und **am Ende** der Sendung muss ausdrücklich durch entsprechende **Einblendungen** darauf hingewiesen werden, dass es sich um Product Placement handelt: Durch ein „P" oder durch die Einblendung „enthält Produktplatzierungen" oder „unterstützt durch Produktplatzierungen" etc.

Ein **Verbot** besteht insgesamt bei **Kinder-** und **Nachrichtensendungen**, sowie **Ratgeber-** und **Verbrauchersendungen**, Sendungen zum **politischen Zeitgeschehen** und Übertragungen von **Gottesdiensten**.

Eine Produktplatzierung darf in keinem Fall direkt zum Kauf auffordern und sollte nicht übertrieben herausgestellt werden.

Wichtig: Product Placement wird **nicht** in die festgelegte Werbezeit eingerechnet. Es gibt daher weder zeitliche Einschränkungen noch ist es verboten, eine bestimmte Anzahl an Produktplatzierungen zu überschreiten.

b) Sponsoring

Jede direkte und **indirekte Finanzierung** von Produktionen durch Unternehmen oder Einzelpersonen, um den Namen, die Marke, das Erscheinungsbild der Person oder Personenvereinigung, ihre Tätigkeit oder ihre Leistungen zu fördern.

Sponsoring ist für die Sponsoren im Gegensatz zur Werbung besonders attraktiv, weil der Sponsor mit einem **Image-Transfer** rechnet. Das Image (z. B. der Sendung) überträgt sich auf seinen Namen oder sein Produkt.

Rechtliche Zulässigkeit: Zu Beginn oder **am Ende** der Sendung muss auf die Finanzierung durch den Sponsor in vertretbarer Kürze und in angemessener Weise deutlich **hingewiesen** werden, z. B. durch den Namen des Sponsors oder das Firmenemblem oder die Marke.

Kein Sponsoring ist erlaubt bei **Nachrichtensendungen** und Sendungen zur **politischen Information, Gottesdienstübertragungen** und **Kindersendungen**.
Ferner sind vom Sponsoring Unternehmen ausgeschlossen, die Zigaretten oder andere Tabakerzeugnisse herstellen oder verkaufen.

6. Tausender-Kontakt-Preis (TKP)

Der TKP ist eine wichtige Kennzahl in der Planung von Werbemaßnahmen. Er gibt an, wie viel **geldliche Mittel** eingesetzt werden müssen, damit 1.000 Personen die Werbemaßnahme per Sichtkontakt wahrnehmen – oder im Falle von Online-Werbung eine Seite aufrufen.

Das heißt, der TKP gibt dem Werbetreibenden Aufschluss darüber, welche Kosten für ihn durch die Werbemaßnahme entstehen, wenn er 1.000 Personen einer gewissen Zielgruppe erreichen möchte.

> **Berechnung des TKP:**
> TKP = Werbekosten geteilt durch die Bruttoreichweite multipliziert mal 1.000.

Bruttoreichweite: Hier wird auch **Mehrfachkontakt** mit in die Berechnung einbezogen.

Beispiel: Eine Radiosendung und damit auch ein Werbespot kann von vielen Menschen in einem Büro gehört werden. Im Gegensatz dazu wird bei einer Nettoreichweite davon ausgegangen, dass das Werbemittel von nur einer Person wahrgenommen wird.

Ein Beispiel zur TKP-Formel:
Eine Website wird pro Monat 50.000 Mal aufgerufen, wobei die Kosten für die monatliche Werbeschaltung bei 1.000 Euro liegen.

TKP = Preis für die Werbung geteilt durch die Reichweite mal 1.000 = 1.000 € geteilt durch 50.000 mal 1.000 = 20 €. Das heißt, der TKP für die Werbeschaltung liegt bei 20 €.

Möchte man nun den Preis für eine Werbeschaltung berechnen, wenn mit einem TKP von 20 € 50.000 Menschen erreicht werden sollen, geht man wie folgt vor:

TKP = Preis für die Werbung geteilt durch die Reichweite mal 1.000.
20 € = Preis für die Werbung geteilt durch 50.000 mal 1.000.
Preis für die Werbung = 20 € mal 50.000 geteilt durch 1.000 = 1.000 €.

Vor- und Nachteil des TKP: Ein **Vorteil** des TKP ist auf jeden Fall eine **genauere Skalierung** der Kosten. Dadurch lassen sich die Kosten für die Werbeschaltung auf unterschiedlichen Portalen besser vergleichen.

Ein **Nachteil** des TKP ist, dass er lediglich die Quantität als **Richtgröße** angibt, z. B. Reichweite eines Senders wird durch Marktforschung ermittelt, d. h. es gibt keinen exakten Wert.
Wie also die Werbebotschaft zum Beispiel bei den Rezipienten ankommt, wird durch den TKP nicht erfasst.
Ferner gilt zu beachten, dass es sich bei der Angabe von Kontakten lediglich um die Chance eines Kontaktes mit der Werbemaßnahme handelt. Ob diese tatsächlich auch vorliegt, lässt sich nicht feststellen.

B. Medienmanipulationen

Medienmanipulation ist die **gezielte** oder **verdeckte Beeinflussung** des Nutzers durch den Medienautor. Hierdurch werden die Meinung, Wertevorstellung oder Aufmerksamkeit von Menschen verändert oder in verschiedene Richtungen gelenkt.

Man unterscheidet **zwei Arten** der Medienmanipulation:

- **Faktische Fälschung** von Bildern, Filmen und Texten;
- **Verzerrte Darstellung** der Realität.

1. Faktische Fälschung

Darunter versteht man die **bewusste** Herstellung einer Information zur Täuschung Dritter = bewusstes Verbreiten von Lügen.

Möglichkeiten einer faktischen Fälschung:

a) **Nachträgliche Veränderung** von Texten, Bildern und Filmen;

b) **Inszenierte** Ereignisse.

2. Verzerrte Darstellung

Hier erfolgt die Manipulation bereits durch eine **einseitige Vorauswahl** bzw. durch die Art der Berichterstattung. Eine verzerrte Wahrnehmung beim Rezipienten ist die Folge.

Beispiel: Ungewollte Bildteile werden einfach weggeschnitten. Vergleich zur faktischen Fälschung: Diese liegt erst dann vor, wenn das Bild inhaltlich bearbeitet / verändert / retuschiert wird.

Möglichkeiten einer verzerrten Darstellung:

a) Manipulation durch **Selektion**
= Einseitige Berichterstattung
„Über 99 % aller Nachrichten … gelangen nie vor das Auge des Lesers, weil sie als zu unbedeutend, zu fragmentarisch, zu polemisch oder – nach den jeweils

herrschenden Vorstellungen – zu unsittlich aussortiert werden" (aus Martin Steffens „Das Geschäft mit der Nachricht", 1971);

b) Manipulation durch **Gewichtung**
= Normalerweise sollten alle relevanten Positionen und Argumente zu einem Thema aufgezeigt werden. Bleibt dies aus, liegt eine einseitige Gewichtung vor = Verzerrte oder falsch gewichtete Darstellung von Fakten;
Gewichtung meint also erst einmal die Häufigkeit von Information.
Beispiel: Häufigkeit, mit der die eigenen Truppen siegreich gezeigt werden in Relation zu den eigenen Verlusten.

c) Manipulation durch **Sprache**
= Hier findet die Beeinflussung dadurch statt, dass ein Wort mit positivem bzw. negativem Beigeschmack anstelle seines neutralen Synonyms verwendet wird;
Oft reicht schon die Benutzung bestimmter Wörter in einem Kontext aus, um Wertungen beim Hörer zu provozieren.

3. Maßnahmen gegen Manipulationen

Folgende Maßnahmen können in Betracht kommen:

a) Selbstverpflichtung der Medien

Medienmanipulation widerspricht den journalistischen Idealen. So besteht z. B. in Deutschland der **Pressekodex,** in dem Regelungen getroffen sind, die Medienmanipulationen verhindern sollen.

Der **Pressekodex** – oder auch „Publizistische Grundsätze" genannt – ist eine Sammlung journalistisch-ethischer Grundregeln, die der Deutsche Presserat beschlossen hat und vom damaligen Bundespräsidenten Gustav W. Heinemann 1973 überreicht wurden.

Verleger und Journalisten haben dem Pressekodex im Sinne einer **freiwilligen Selbstverpflichtung** zugestimmt. Hierdurch soll eine Wahrung der journalistischen Berufsethik sichergestellt werden.

Die Grundsätze werden durch weitere Richtlinien ständig ergänzt.

Der Pressekodex umfasst insgesamt 16 Punkte.

Beispiele:

- Achtung vor der Wahrheit und Wahrung der Menschenwürde;

- Journalistische Sorgfalt;

- Richtigstellung;

- Achtung der Persönlichkeitsrechte;

- Unschuldsvermutung;

- Schutz der Ehre.

Verstößt ein Presseunternehmen in **Print- oder Onlinemedien** gegen diese Grundsätze, kann von **jedermann** eine Beschwerde beim **Presserat** eingereicht werden.

b) Gesetzliche Regulierung zur Sicherstellung der Ausgewogenheit

Binnenpluralität.

c) Wettbewerb unter Medien

Verhinderung von Medienkonzentrationen; Vielfalt.

d) Offenlegung von Besitzverhältnissen und Firmenanteilen

Offenlegung der Verbindungen und Abhängigkeiten = Transparenz.

Beispiel: Eine Nachrichtenagentur berichtet über ihre Eigentümer.

C. Einschaltquote und Marktanteil einer Fernsehsendung

Die **Einschaltquote** einer Fernsehsendung ist der prozentuale Anteil der Empfangshaushalte, die eine Sendung verfolgen, an der Gesamtmenge **aller** Empfangshaushalte.

Empfangshaushalte sind dabei alle Haushalte, die einen Fernseher besitzen, **unabhängig** davon, ob dieser eingeschaltet ist oder nicht.

Die Einschaltquote gibt also die **absolute Zahl** der Zuschauer an.

Der **Marktanteil** dagegen setzt diese Zahl ins Verhältnis zur Gesamtzahl derer, die zur betreffenden Zeit überhaupt ferngesehen haben.

Der Marktanteil ist der Anteil der Zuschauer einer Sendung **im Vergleich** zur Summe aller Zuschauer im **selben Zeitabschnitt**.

In den Marktanteil hineingerechnet werden alle Zuschauer, die länger als **eine Minute** am Stück in der Sendung bleiben.

Der Marktanteil ist also für den Vergleich der Sender von Bedeutung.
Es geht darum, die prozentuale Aufteilung der Zuschauer unter den Anbietern zu ermitteln. Wenn x Leute insgesamt ferngesehen haben, wie viele entfallen davon dann auf jeden einzelnen Sender?

1. Ermittlung der Einschaltquoten

Seit 1985 werden in Deutschland die Einschaltquoten von der in Nürnberg ansässigen **GfK** (= **Gesellschaft für Konsumforschung**) ermittelt.

Auftraggeber der GfK ist die in Frankfurt ansässige **AGF** (= Arbeitsgemeinschaft der Fernsehforschung: Zusammenschluss u. a. von ARD, ZDF, der Mediengruppe RTL Deutschland und der ProSiebenSat. 1 AG). Jährlich werden circa 18 Millionen Euro für die Messung der Quoten ausgegeben.

Mit Hilfe spezieller Messgeräte, die **GfK-Meter** („Quotenbox") genannt werden, wird die tägliche Fernsehnutzung untersucht. Circa 5.600 Haushalte mit circa 13.000 Bewohnern haben so einen GfK-Meter, der an jedes im Haushalt befindliche Empfangsgerät angeschlossen wird.

Alle Haushalte, in denen die Fernsehnutzung gemessen wird, bilden ein verkleinertes Abbild der Grundgesamtheit (= repräsentativer Querschnitt des deutschen Zuschauers).

Das Abbild wird **Panel** genannt.
Es wäre aus Kosten- und Organisationsgründen nicht möglich, alle Fernsehhaushalte in die Fernsehnutzungsuntersuchung einzubeziehen.

Wichtig: Nur Deutsche und in Deutschland lebende EU-Bürger werden gerechnet.

Die Testhaushalte sind nach einem bestimmten Schlüssel über alle Bundesländer verteilt. Die Haushalte werden nach den wichtigsten **soziodemographischen Kriterien** gezielt von der GfK ausgewählt:
- Haushaltsgröße,
- Geschlecht,
- Alter,
- Anzahl der Kinder,
- Wohnform,
- Schulbildung,
- Gemeindegrößenklasse,
- Regierungsbezirk,
- Bundesland etc.

Bewerbungen seitens der Haushalte werden **nicht** beachtet.

Alle Personen **ab drei Jahren** melden sich über eine für sich definierte Taste auf der extra für diesen Zweck entwickelten Fernbedienung an und ab.
Das GfK-Meter zeichnet im **Sekundentakt** das Ein-, Aus- und Umschalten am Fernsehgerät auf.

Die gespeicherten Daten werden nachts um **drei Uhr** automatisch ans GfK-Zentrum übermittelt, dort gewichtet und hochgerechnet.

Daraus lässt sich das **Zuschauerverhalten** bei Sendungen und Werbeblöcken für beliebige Zielgruppen, Regionen und Empfangssituationen ermitteln.

Um **8:30 Uhr** liegen die **Hochrechnungen den Fernsehsendern** vor.

Auf der Grundlage der ermittelten Daten werden zum Beispiel auch die **Werbepreise** berechnet.

Da die Kenndaten für jede einzelne Person bekannt sind, kann zusätzlich ermittelt werden, wie viele Zuschauer aus verschiedenen Altersgruppen, mit welchem Einkommen etc. bestimmte Programme sehen.
Am wichtigsten für die Werbewirtschaft und damit die Sender sind die Zuschauer **zwischen 14 und 49 Jahren**.

Die Quote entscheidet über Erfolg und Misserfolg einer Sendung.

Anmerkung: Die gleichen Messungen gibt es **nicht** für das Radio! Die **Radionutzung** wird hier in der **Media-Analyse (MA)** erhoben (Arbeitsgemeinschaft Media-Analyse = agma). Es handelt sich um eine Repräsentativbefragung, bei der die Nutzung aller Radioprogramme erfasst wird = Messung der Reichweite von Hörfunksendungen durch Befragungen (ca. 67.000 Interviews) der deutschsprachigen Bevölkerung ab 14 Jahren (Frühjahr & Sommer).

2. Kritik an der GfK-Ermittlung der Daten

Das Messergebnis ist durch die Teilnehmerauswahl **beeinflussbar**.
Auch weiß niemand, was die Zuschauer tatsächlich machen, während der Fernseher weiterläuft.
Schauen diese wirklich fern oder sind vielleicht gar nicht im Raum?
On-Demand-Abrufe (z. B. aus den Mediatheken) fließen ebenfalls nicht in die Quote ein.
Auch werden Besucher von Public-Viewings nicht erfasst.

Zu viele Gruppen fallen aus dem Raster heraus: Ausländer werden nicht berücksichtigt und z. B. auch die Krankenschwester, die Nachtdienst hat und TV guckt, wird nicht erfasst.

D. Nachrichtensendung

Die Berichterstattung der Medien über das Zeitgeschehen und über die Hintergründe ist eine wichtige Grundvoraussetzung für das Funktionieren der Demokratie in Deutschland.

Nachrichtensendungen gibt es in allen Medien – Print, Radio, TV und Internet.

1. Bestandteile einer Nachrichtensendung

- Vorspann mit Erkennungsmelodie, Logo und Ansage der Sendung;

- Sprecher verliest Nachrichten = Verbindendes Element aller Nachrichten, denn er verknüpft die Filmbeiträge oder grafischen Einblendungen miteinander;
Sprecher kann auch als Moderator auftreten, der seine selbst geschriebenen Texte vorstellt;

- Kommentator verkündet eine Meinung zu einem aufgeworfenen Thema;

- Reporter / Korrespondent berichtet live vor Ort;

- Elemente, die stets in Nachrichtensendungen auftreten:
Fotos, Grafiken, Bild-Text-Tafeln;
Beiträge (Berichte, Live-Schaltung, Interviews etc.);
Wetterbericht;
Lottozahlen.

2. Funktionen von Nachrichtensendungen

a) Meinungsbildungsfunktion

Nachrichtensendungen sollen die Meinungsvielfalt angemessen wiedergeben.

b) Informationsfunktion

Nachrichtensendungen sollen die Informationen über das politische Tagesgeschehen aufbereiten und es an die Bürger vermitteln: vollständig, sachlich und verständlich. Hierdurch kann der Bürger eigene Bewertungen durchführen.

c) Kritik- und Kontrollfunktion

Nachrichtensendungen haben die Aufgabe, die Handlungen der Politik kritisch zu hinterfragen, Missstände aufzuzeigen und im Sinne einer „**Vierten Gewalt**" einer Kontrolle zu unterziehen.

3. Nachrichten- und Presseagenturen

Es sind Unternehmen, die Nachrichten über **aktuelle Ereignisse** liefern = Großhändler für Nachrichten.

Sie beliefern Nachrichtensendungen, Zeitungen / Zeitschriften und andere Massenmedien mit Nachrichten und Informationen, die als **vorgefertigte Meldungen** (Text, Foto, Audio- oder Filmmaterial) angeboten werden.

Nachrichtenmeldungen werden möglichst **objektiv** und ohne politische Färbung weitergegeben.

Wesentliche **Aufgaben** von Presse- und Nachrichtenagenturen:

- **Neueste Infos** aus aller Welt so schnell wie möglich an die Kunden bringen (Aktualität);

- **Wahrheitsgemäße** dem Stand der Dinge entsprechende Meldung von Ereignissen (sorgfältige Recherche);

- **Faktenzusammentragung** – ohne Wertung.

Ein **Nachteil** von Presse- und Nachrichtenagenturen ist, dass durch die Prioritätensetzung der Agentur Meldungen untergehen und andere hervorgehoben bzw. bestimmte Sachverhalte gegebenenfalls einseitig dargestellt werden.

Nachrichten- und Presseagenturen werden daher auch als „**Gatekeeper**" bezeichnet (= „Torwächter"). Denn sie entscheiden, welche Meldungen aus der Vielzahl der permanent eintreffenden Nachrichten bearbeitet bzw. weitergeleitet und wo Reporter für die Recherche eingesetzt werden.

Die **dpa** (Deutsche Presse-Agentur) ist die wichtigste Nachrichtenagentur auf dem deutschen Markt. Sie hat ihren Sitz in Hamburg und ist in etwa 100 Ländern der Welt vertreten.

Weitere Nachrichtenagenturen, z. B.:

- AFP Deutschland (Agence France-Presse);

- epd (evangelischer Pressedienst);

- KNA (katholische Nachrichtenagentur);

- Thomas Reuters;

- sid (Sport-Informations-Dienst).

E. Urheberrecht

Das Urheberrechtsgesetz (UrhG) schützt das höchstpersönliche Recht des Urhebers an seinen Werken der **Literatur, Wissenschaft** und **Kunst** (§ 1 UrhG).

Unter einem **Werk** ist eine **persönliche geistige Schöpfung** zu sehen (§ 2 II UrhG), die eine **konkrete Gestalt** hat.
Somit erfahren reine Ideen keinen Schutz.

Das Werk muss **etwas Neues** sein, was sich von dem bereits Vorhandenen abhebt und eine **kreative Leistung** erkennen lässt.

Beispiele für Werke: Fotos, Musikstücke, Filme, Computerprogramme, Aufsätze, Romane, Drehbücher, Plastiken, Baupläne.

Der **Schöpfer** eines Werkes ist der Urheber (§ 7 UrhG).
Urheber kann immer nur ein Mensch – im juristischen Sinne eine **natürliche Person** – und **nie** eine **juristische Person** sein. Diese hält allenfalls Nutzungsrechte, die ihr von dem Urheber übertragen wurden.

Beispiele für juristische Personen: eingetragene Vereine (e. V.), Stiftungen, Aktiengesellschaften (AG), Gesellschaften mit beschränkter Haftung (GmbH) etc.

Wichtig: Das **Alter** des Urhebers oder dessen Geschäftsfähigkeit spielen bei der Begründung von Urheberrechten **keine Rolle**.

Wenn **mehrere Personen** ursächlich zur Entstehung eines Werkes beitragen, werden sie als **Miturheber** angesehen und sind gemeinsam berechtigt.

Das Urheberrecht an einem Werk entsteht mit der **Schaffung** des Werkes.
Es bedarf also weder einer Anmeldung dieses Rechts noch des sog. Copyright-Vermerkes. Ferner muss das Werk nicht veröffentlicht oder benutzt werden.
Zum Copyright-Vermerk: Der Begriff kommt aus dem angloamerikanischen Raum. Seit 1. April 1989 entsteht das Copyright in den USA automatisch – also genauso wie in

Deutschland. Der Copyright-Hinweis hat also keinen Einfluss auf die Entstehung des Urheberrechts!

Das Urheberrecht bleibt immer beim Schöpfer des Werkes und ist **nicht übertragbar.**

Wichtig: Das Urheberrecht ist **vererblich** und kann somit per Testament oder im Wege der gesetzlichen Erbfolge übertragen werden.

Das Urheberrecht **erlischt 70 Jahre** nach dem Tod des Urhebers. Nach Ablauf der Schutzdauer werden die Werke **gemeinfrei**, das heißt, sie können von **jedermann** verwendet werden, ohne dass Einwilligungen eingeholt werden müssen (= zustimmungs- und vergütungsfreie Verwertung).

Aus dem Urheberrecht fließen einzelne Rechte des Urhebers: die Urheberpersönlichkeitsrechte und die Verwertungsrechte.

1. Urheberpersönlichkeitsrechte

Sie schützen die **ideellen** Interessen des Urhebers an seinem Werk.
Sie sind die „Grundrechte" des Urhebers und stehen nur diesem zu.

Die Urheberpersönlichkeitsrechte sind **nicht übertragbar**, sondern können nur auf Rechtsnachfolger vererbt werden.

Bestandteile der Urheberpersönlichkeitsrechte:

a) Veröffentlichungsrecht (§ 12 UrhG)

Der Urheber entscheidet, ob und wie sein Werk der Öffentlichkeit zugänglich gemacht wird.

b) Anerkennung der Urheberschaft (§ 13 UrhG)

Der Urheber kann verlangen, dass bei Veröffentlichung seines Werkes durch Dritte seine Urheberschaft angemessen erwähnt wird. Er kann bestimmen, welche Bezeichnung zu verwenden ist.

So hat er ein Recht auf Anonymität oder kann ein Pseudonym wählen.

c) Entstellungsverbot des Werkes (§ 14 UrhG)

Der Urheber hat das Recht, eine Entstellung oder andere Beeinträchtigungen seines Werkes zu verbieten.
Beispiele für Entstellungen: Verstümmelungen, Sinnentstellungen;
Beispiele für Beeinträchtigungen: Umgestaltungen, Verzerrungen.

Wichtig: Der Urheber muss nur dann eine Beeinträchtigung seines Werkes hinnehmen, wenn die **Interessen Dritter überwiegen.** Das trifft vor allem für geringfügige Eingriffe zu.

Beispiel: Standort einer Statue wird verändert.

> **Kurz:** Eine **Beeinträchtigung** oder **Entstellung** liegt vor, wenn die **Wesenszüge** des Werkes verzerrt oder verfälscht werden.

2. Verwertungsrechte

Neben den Urheberpersönlichkeitsrechten gibt es auch die sog. **Verwertungsrechte.**
Diese ermöglichen die **materielle** Ausnutzung des Urheberrechts. Denn nur dem Urheber steht es zu, sein Werk **wirtschaftlich** zu nutzen.

Der Urheber ist also im Besitz der Verwertungsrechte und kann diese selber wahrnehmen oder an Dritte als sog. **Nutzungsrechte** übertragen.

Der Urheber hat das ausschließliche Recht, sein Werk zu vervielfältigen, zu verbreiten oder der Öffentlichkeit zur Verfügung zu stellen.

Bestandteile der Verwertungsrechte:

a) Vervielfältigungsrecht (§ 16 UrhG)

Es umfasst das Recht, Vervielfältigungsstücke eines Werkes herzustellen.

b) Verbreitungsrecht (§ 17 UrhG)

Es umfasst das Recht, das Original oder Vervielfältigungsstücke des Werkes der Öffentlichkeit anzubieten bzw. in Verkehr zu bringen.

Wichtig: Ist das Werk erst einmal mit Einwilligung des Urhebers im Bereich der EU veräußert worden, dann kann sich der Urheber gegen eine Weiterverbreitung seines Werkes **nicht** mehr wehren. Unzulässig bleibt jedoch die Vermietung des Werkstückes (§ 17 II UrhG).

c) Ausstellungsrecht (§ 18 UrhG)

Es umfasst das Recht, das Original oder Vervielfältigungsstücke eines unveröffentlichten Werkes öffentlich zur Schau zu stellen.

3. Nutzungsrechte

Der Urheber kann einem anderen das Recht einräumen, das Werk auf einzelne oder alle bekannten Nutzungsarten (Vervielfältigung, Verbreitung, Ausstellung) zu verwerten (§ 31 UrhG).

Dieses Nutzungsrecht kann er als **einfaches** oder **ausschließliches** Recht einräumen.
Dafür wird meist ein **Lizenzvertrag** geschlossen.

> **Kurz:** Verwertungsrechte können – im Gegensatz zu den Urheberpersönlichkeitsrechten – einem **Dritten** gegenüber eingeräumt werden. Dann spricht man von der Einräumung von Nutzungsrechten. Das heißt: Der Urheber besitzt **Verwertungsrechte** und wenn er diese an Dritte weitergibt, dann werden sie automatisch zu **Nutzungsrechten**.

a) Einfaches Nutzungsrecht

Das einfache Nutzungsrecht gestattet es dem Erwerber, das Werk **neben** dem Urheber oder anderen Berechtigten auf die ihm erlaubte Art zu nutzen (§ 31 II UrhG).

b) Ausschließliches Nutzungsrecht (= „Exklusivrecht")

Das ausschließliche Nutzungsrecht gestattet es dem Inhaber, das Werk unter Ausschluss aller anderen Personen – **einschließlich des Urhebers!** – auf die ihm erlaubte Art zu nutzen und ggf. auch Dritten einfache Nutzungsrechte einzuräumen (§ 31 III UrhG).

Wichtig: Der Inhaber eines ausschließlichen Nutzungsrechts kann einfache Nutzungsrechte nur mit **Zustimmung** des Urhebers Dritten gegenüber einräumen (§ 35 UrhG).
Zusätzlich zur Unterteilung in einfaches und ausschließliches Nutzungsrecht ist es möglich, die Nutzung eines Werkes **einzugrenzen**.

Die Rechtseinräumung kann also zusätzlich **unbeschränkt** oder **beschränkt** übertragen werden. Dadurch bekommt der Urheber die Möglichkeit, den Umfang der Rechtseinräumung dem verfolgten Zweck anzupassen, um sein Urheberrecht nicht unnötig herzugeben.

Möglichkeiten einer beschränkten Übertragung:

a) Zeitliche Beschränkungen

Nutzungsrechte werden nur bis zu einem bestimmten Zeitpunkt eingeräumt.

b) Räumliche Beschränkungen

Nutzungsrechte können auf gewisse Länder, Sprachräume oder Orte beschränkt werden.

c) Inhaltliche Beschränkungen

Darunter versteht man die getrennte Vergabe der einzelnen Verwertungsbefugnisse = separate Vergabe der einzelnen **Nutzungsarten**. Hierdurch wird der vielfältigen Nutzung eines Werkes Rechnung getragen.

Beispiele: Nutzungsarten für einen Roman sind zum Beispiel ein gedrucktes Buch, ein eBook und ein Hörbuch.

Beispiele für inhaltliche Beschränkungen: Herstellung nur einer Single, nicht einer Maxi-Single; Vorführung nur im Kino, kein DVD-Vertrieb.

4. Einschränkungen des Urheberrechts

Es gibt sog. **Schranken**, die unter gewissen Voraussetzungen die Verwendung von Werken **ohne Einwilligung** oder sogar teilweise **ohne Vergütung** des Urhebers gestatten. Mögliche Schranken:

a) Vervielfältigungen zum eigenen wissenschaftlichen Gebrauch, im Unterricht oder zu Forschungszwecken
Das Material darf nur dem begrenzten Teilnehmerkreis bereitgestellt werden. Nicht gestattet ist die Zurverfügungstellung über das Internet.

b) Zitate (Zitierfreiheit), § 51 UrhG

Zulässig ist die Vervielfältigung, Verbreitung und öffentliche Wiedergabe eines veröffentlichten Werkes zum Zweck des Zitats, sofern die Nutzung in ihrem Umfang durch den besonderen Zweck gerechtfertigt ist.

Wichtig: Das Zitat muss als solches **erkennbar** sein. Das heißt, es sind immer die **Quelle** und der Urheber einschließlich Titel und Urheberbezeichnung zu versehen.

c) Freie Benutzung (§ 24 UrhG)

Ein selbständiges Werk, das in freier Benutzung eines anderen Werkes erstellt worden ist, darf **ohne Zustimmung** des Urhebers des genutzten Werkes verwertet werden.

Wichtig: Eine freie Benutzung unterscheidet sich von einer normalen Bearbeitung dadurch, dass sie sich vom **Wesenskern** des ursprünglichen Werkes so weit entfernt hat, dass dessen Charakteristika völlig in den **Hintergrund** treten.

Das benutzte Werk darf lediglich eine Anregung zum eigenen, selbständigen Erschaffen sein.

Beispiele für eine freie Benutzung sind die Parodie oder Satire.

Wichtig: Bei einer bloßen **Bearbeitung** eines Werkes behält das neu entstandene Werk den Wesenskern der Vorlage. Hier muss also die **Zustimmung** des Urhebers eingeholt werden.

d) Öffentliche Reden (§ 48 UrhG)

Zulässig ist die Verbreitung und Vervielfältigung öffentlicher Reden.

e) Panoramafreiheit (§ 59 UrhG)
= Straßenbildfreiheit.
Sie lässt die Nutzung fremder Werke, die sich bleibend an öffentlichen Straßen, Wegen oder Plätzen befinden, im Wege der Vervielfältigung, Verbreitung und öffentlichen Wiedergabe zustimmungs- und vergütungsfrei zu.
Mit anderen Worten: Man kann ein Werk z. B. fotografieren, das sich bleibend (= dauerhaft) an öffentlichen Wegen befindet (einschließlich Vervielfältigung, Verbreitung und öffentliche Wiedergabe der Fotografie) – ohne Genehmigung einholen zu müssen.
Öffentlich = jedermann hat freien Zugang.

Beispiel: Das Werk von dem Künstler Christo – Verhüllung des Reichstags – erfolgte nur für 2 Wochen. Es war daher nicht bleibend.

5. Leistungsschutzrechte

Schutz durch das Urheberrechtsgesetz genießen auch Leistungen, die zwar selbst keine persönlich-geistigen Schöpfungen beinhalten, die Leistung aber in der **Interpretation** urheberrechtlich geschützter Werke oder in der **Herstellung** bzw. **Verbreitung** solcher Werke liegt.

Leistungsschutzrechte schützen also „Personen", die zwar selbst nicht Urheber sind, die aber bei der **Vermittlung** urheberrechtlich geschützter Werke eine erhebliche Rolle spielen.

Beispiele: Schauspieler, Tänzer, Musiker, Hersteller eines Tonträgers, Veranstalter etc.

Wichtige Leistungsschutzrechte:

- Schutz des ausübenden Künstlers (§ 73 UrhG);

- Schutz des Veranstalters (§ 81 UrhG):
  Veranstalter ist derjenige, der die organisatorische Leitung hat und die finanzielle Verantwortung für die Darbietung trägt;

- Schutz des Herstellers von Tonträgern (§§ 85, 86 UrhG);

- Schutz des Filmherstellers (§ 94 UrhG).

Schutzdauer der Leistungsschutzrechte: **50 Jahre,** nur bei Schutz des Veranstalters sind es 25 Jahre => jeweils bezogen auf den Zeitpunkt der Herstellung.

6. Internationale Handhabung

Weltweit gibt es **kein einheitliches** Urheberrecht. Jeder Staat hat sein eigenes Urheberrecht.

Wie sieht es nun mit Inhalten im **Internet** aus, die ja weltweit abrufbar sind?

Hier sind Urheberrechtsverletzungen nach dem Recht des Landes zu beurteilen, in dem die Verletzungshandlung gesetzt wurde (= Territorialitätsprinzip).

Beispiel: Wenn in der Schweiz ein Inhalt aus dem Internet downgeloaded wird, so ist die Verwendung nach den schweizerischen Vorschriften zu prüfen, auch wenn der Server irgendwo in Afrika steht und es an dessen Standort kein Urheberrecht gibt.

7. Verwertungsgesellschaften

Verwertungsgesellschaften sind privatrechtlich organisierte Vereinigungen von Urhebern und Inhabern von Leistungsschutzrechten.

Wollen Künstler und Urheber ihre Urheberrechte nicht selbst verwalten, können sie die Rechte von einer Verwertungsgesellschaft wahrnehmen lassen.
Diese nehmen im Auftrag der Urheber deren Rechte **treuhänderisch** wahr und überwachen, ob den finanziellen Forderungen nachgekommen wird.

Außerdem sind die Verwertungsgesellschaften auch Ansprechpartner für jeden **Unternehmer**, der urheberrechtlich geschützte Werke nutzen will und hierfür bestehende Rechte klären und natürlich **Lizenzen** einholen muss.

Die Berechtigten übertragen in einem **Wahrnehmungsvertrag** ihre urheberrechtlichen Nutzungs- und Einwilligungsrechte und Vergütungsansprüche auf eine spezielle Verwertungsgesellschaft. Diese erteilt dann Nutzern **Lizenzen** und verlangt hierfür entsprechende **Vergütungen**.

Die Verwertungsgesellschaft teilt die erzielten Einnahmen nach festen Regeln (Verteilungsplan) auf und zahlt sie an die Berechtigten aus (= **Tantieme**).

Die Verwertungsgesellschaften sind **gesetzlich verpflichtet**, einen Wahrnehmungsvertrag mit **jedem** abzuschließen, der das verlangt.
Ferner sind sie zur **Lizenzerteilung** – und zwar zu angemessenen Bedingungen – **gesetzlich verpflichtet.**

Wichtig: Die Anmeldung ist – außer bei der GEMA – **kostenlos.**
Die GEMA verlangt eine einmalige Aufnahmegebühr und einen Jahresbeitrag.
Die Aufnahmegebühr beträgt 90 Euro für Komponisten und Textdichter und 180 Euro für Musikverleger. Der Jahresbeitrag beträgt 50 Euro für Komponisten und Textdichter und 100 Euro für Musikverleger.

In Deutschland sind vor allem **vier Verwertungsgesellschaften** von Bedeutung:

- **GEMA** (Gesellschaft für musikalische Aufführungs- und mechanische Vervielfältigungsrechte):
  Für Komponisten, Textdichter, Songschreiber, Musikverleger.
  Die GEMA vertritt auch das gesamte Weltrepertoire an urheberrechtlich geschützter Musik;

- **VG Wort** (Verwertungsgesellschaft Wort):
  Für Autoren, Übersetzer, Verleger;

- **VG Bild-Kunst** (Verwertungsgesellschaft Bild-Kunst):
  Für bildende Künstler, Fotografen, Designer, Karikaturisten, Bildagenturen, Filmproduzenten, Regisseure, Kameraleute, Cutter, Choreografen, Szenenbildner, Kostümbildner;

- **GVL** (Gesellschaft zur Verwertung von Leistungsschutzrechten):
  Für ausübende Künstler (Musiker, Sänger, Tänzer, Schauspieler), Tonträgerhersteller.

Wichtig: Einige Werke können in den Bereich **mehrerer** Verwertungsgesellschaften fallen. Daher sind Verträge mit mehreren Verwertungsgesellschaften möglich.

Beispiel: Ein Filmemacher ist Drehbuchautor und Kameramann in einer Person. Drehbuch => VG Wort; Kameramann => VG Bild-Kunst.

8. Internationale Verwertung

International sind Urheberrechte durch **Gegenseitigkeitsverträge** der Verwertungsgesellschaften geschützt, das heißt, dass jede nationale Verwertungsgesellschaft ebenfalls die ausländische Verwertungsgesellschaft vertritt.

9. Vorgehen bei Urheberrechtsverletzungen

Der Urheber kann bei Rechtsverletzungen **Unterlassung**, **Beseitigung** und **Schadenersatz** verlangen und sich folglich juristisch zur Wehr setzen (materielle + immaterielle Schäden; immaterielle Schäden z. B. bei Verletzungen des Persönlichkeitsrechts).

Vor der Einleitung eines gerichtlichen Verfahrens wird die Versendung einer **Abmahnung** wegen Unterlassung empfohlen (§ 97a UrhG).

Die Person kann dann durch die Zahlung einer angemessenen Vertragsstrafe den Streit außergerichtlich beilegen.

10. Creative Commons Lizenzen

Creative Commons (CC) ist eine gemeinnützige Organisation, die vorgefertigte Lizenzverträge anbietet. CC-Lizenzen sind kostenfrei. Urheber können somit ihre Werke zur Nutzung für alle freigeben. Bei der Freigabe entscheiden die Urheber, wie weit sie gehen soll. Dies geschieht durch **Auswahl des Lizenztyps**, der am besten passt (einzeln oder in Kombination).

CC bietet sechs verschiedene Standard-Lizenzverträge an. Diese können bei der Verbreitung kreativer Inhalte genutzt werden, um die rechtlichen Bedingungen festzulegen.

Durch die Kombination der folgenden vier Bedingungen ergeben sich sechs verschiedene Lizenzverträge. Details siehe unter https://de.creativecommons.org

Folgende Icons bestehen:

 = **Creative Commons**

 = BY = von
=> Der Name muss unter oder neben dem Werk genannt werden.
=> Auch als Textkürzel möglich: CC-BY 3.0 (CC steht immer für die Creative Commons, 3.0 steht für die deutsche Version).

 = NC = non commercial
=> Durch das Werk dürfen keine Einnahmen generiert werden.
=> Textkürzel: CC-NC 3.0

 = ND = no derivatives
=> Keine Bearbeitung.
=> Textkürzel: CC-ND 3.0

 = SA = share alike
=>Weitergabe unter gleichen Bedingungen. Wenn also das Werk bearbeitet wurde, muss das neu entstandene Werk unter einer Lizenz mit vergleichbaren Bedingungen weitergegeben werden.
=> Textkürzel: CC-SA 3.0

F. Art. 2 GG, Persönlichkeitsrecht, Recht am eigenen Bild

Ob man Personen ohne ihre Einwilligung fotografieren darf, bestimmt sich nach dem jeder Person zustehenden **allgemeinen Persönlichkeitsrecht** (Art. 2 I in Verbindung mit Art. 1 GG).

Was versteht man unter dem allgemeinen Persönlichkeitsrecht? Es ist das Recht des **Einzelnen, selbst** seine persönliche Lebenssphäre zu bestimmen.

Das **Recht am eigenen Wort und Bild** gehören zum Persönlichkeitsrecht eines Menschen.

Es gilt der **Grundsatz**: Jeder Mensch darf selbst bestimmen, ob er fotografiert wird und ob diese Fotos veröffentlicht werden dürfen.

Das Recht am eigenen Bild ist als besondere Ausprägung des allgemeinen Persönlichkeitsrechts im **Kunsturheberrechtsgesetz (KunstUrhG)** festgesetzt.

Grundlage für die Rechte der fotografierten Person stellen **§ 22 KunstUrhG** und **§ 23 KunstUrhG** dar.

Nach **§ 22 KunstUrhG** dürfen Bildnisse nur mit **vorheriger Einwilligung** des Abgebildeten verbreitet oder öffentlich zur Schau gestellt werden.

Die **Einwilligung** kann

- **mündlich**,

- **schriftlich** oder

- **konkludent** (= durch schlüssiges Verhalten) erfolgen.

Wichtig: Eine Zustimmung wird erforderlich, sobald die Person aufgrund der abgebildeten äußeren Erscheinung **erkennbar** bzw. identifizierbar ist.

Bei Personen **unter 18 Jahren** gilt: Hier ist die Zustimmung der **Eltern** einzuholen!

Nach **§ 23 KunstUrhG** gibt es Ausnahmen, die **keine Einverständniserklärung** erfordern:

a) Bildnisse aus dem Bereich der Zeitgeschichte

Prominente Personen aus den Bereichen Kunst, Politik, Sport, Schauspiel, Adel etc.

Wichtig: Es kommt darauf an, in welcher Situation die Person aufgenommen wurde. Maßgeblich ist die **öffentliche Relevanz** des abgebildeten Vorgangs und nicht die öffentliche Relevanz der Person.
Denn auch Prominente haben ein Recht auf Privatsphäre.

Für jedes Foto gilt eine Abwägung, ob der Schutz der Persönlichkeit des Abgebildeten oder das Informationsinteresse der Allgemeinheit überwiegt.

b) Bilder, auf denen die Personen nur als Beiwerk neben einer Landschaft oder sonstigen Örtlichkeit erscheinen

Hier ist die **Motivwahl** ausschlaggebend. Das Hauptmotiv der Aufnahme muss die Landschaft bzw. die allgemeine Umgebung sein und nicht die Darstellung der Person.

Beispiel: Man möchte den Kölner Dom fotografieren und zufällig werden ein paar Personen mit auf dem Bild abgelichtet, die gerade vorbeilaufen. Anders wäre der Fall zu beurteilen, wenn man gezielt die Menschengruppe fotografiert, die vor dem Kölner Dom steht.

c) Bilder von Versammlungen, Aufzügen und ähnlichen Vorgängen, an denen die dargestellten Personen teilgenommen haben

Das betrifft **öffentliche** Veranstaltungen.

Beispiele: öffentliche Demonstrationen, Konzerte, Karnevalsumzüge, Sportveranstaltungen etc. Hier werden die Aktivitäten willentlich zusammen ausgeführt.
Anders wäre die Situation in der U-Bahn zu beurteilen. Hier kommen die Fahrgäste nur zufällig zusammen.

Wichtig: Bei einer **privaten Veranstaltung** ist eine Erlaubnis notwendig!

Beispiel: Bei einer Hochzeit.

d) Bildnisse, die nicht auf Bestellung angefertigt sind, sofern die Verbreitung oder Schaustellung einem höheren Interesse der Kunst dient

Diese Ausnahmevorschrift greift nur ein, wenn es ein Bildnis von **hohem künstlerischem Wert** ist.

1. Folgen bei Bildrechtsverletzungen

Wird ein Bild ohne vorherige Zustimmung gemacht:

- Der Abgebildete kann die weitere Verwertung **verbieten**;

- Der Abgebildete kann den Fotograf **abmahnen** (Abgabe einer Unterlassungserklärung und Abmahnkosten);

- Der Abgebildete kann **Schmerzensgeld** fordern;

- Der Abgebildete kann die **Vernichtung** der Exemplare fordern.

Wichtig: Nicht nur der Fotografierte hat Rechte an einem Bild, sondern auch der **Urheber** des Bildes!

2. Persönlichkeitsrecht bei Fernseh- und Kinofilmen

Es geht hier um die Frage, wann das Persönlichkeitsrecht gegen **fiktionale** Filme greift.

Hier kommt es darauf an, ob der Verletzte **konkret** durch den Zuschauer **identifiziert** werden kann.
Das ist dann der Fall, wenn die Rolle im Film **Ähnlichkeiten** zur realen Person aufweist.

Wichtig: Je **prominenter** die Person im realen Leben ist, desto eher muss sie sich eine Reproduktion ihrer selbst im Film gefallen lassen!

Bei **Dokumentarfilmen** gilt: Es liegt eine Rechtsverletzung dann vor, wenn das Leben des Betroffenen **diskriminierend verfälscht wurde.**

Entscheidend ist das Ausmaß der Verfälschung.

Im Ergebnis bleibt es aber insgesamt stets eine **Abwägung** zwischen dem Persönlichkeitsrecht und der Kunstfreiheit.

G. Art. 5 GG

Art. 5 GG umfasst insgesamt **sieben** verschiedene Grundrechte.

In **Art. 5 I GG**:

- Meinungsfreiheit,
- Informationsfreiheit,
- Pressefreiheit,
- Rundfunkfreiheit,
- Filmfreiheit.

In **Art. 5 III GG**:

- Kunstfreiheit,
- Wissenschaftsfreiheit.

1. Meinungsfreiheit

Geschützt sind **Meinungen**. Erfasst werden **Werturteile** und **wertende Stellungnahmen**. Es ist unerheblich, ob sie objektiv wahr oder falsch sind und ob sie ethisch bzw. moralisch „wertvoll" oder „wertlos" sind.

Es wird jede Form der **Meinungsäußerung** und **-verbreitung** geschützt.
Erfasst ist auch die **negative Meinungsfreiheit**. Darunter versteht man das Recht, Meinungen **nicht** äußern und **nicht** verbreiten zu müssen.

Wichtig: Die **Schmähkritik** wird nicht geschützt!

Eine **Schmähkritik** liegt vor, wenn nicht die Auseinandersetzung in der Sache, sondern die **Diffamierung** der Person im Vordergrund steht.

Abwertung, Herabsetzung, Herabwürdigung, üble Nachrede

Die Feststellung einer Herabsetzung der Person ist hier entscheidend. Bloß polemische bzw. überspitzte Kritik reicht nicht aus.

Beispiel: War das von Jan Böhmermann vorgetragene Gedicht über den türkischen Präsidenten Erdogan eine Schmähkritik und sein Vorgehen dementsprechend nicht mehr von der Meinungsfreiheit gedeckt?
Das Gedicht für sich genommen ist unstreitig als Schmähkritik zu bewerten. Die Besonderheit in diesem Fall ist jedoch, dass Böhmermann dieses Gedicht in einen Gesamtkontext einbettet, um auf diesem Wege die Grenzen der Meinungsfreiheit zu verdeutlichen.

2. Pressefreiheit

Unter **Presse** versteht man alle zur Verbreitung geeigneten und bestimmten **Druckerzeugnisse** und **Informationsträger**.

Beispiele: Bücher, Flugblätter, Aufkleber, Leserbriefe etc.

Geschichtlicher Hintergrund: Die Spiegel-Affäre von 1962 gilt als Meilenstein in der Verteidigung der Pressefreiheit in Deutschland.

3. Kunstfreiheit

Der Begriff der Kunst ist schwer zu definieren.

Indizien für Kunst sind:

- ein bestimmter Werktyp (Malerei, Schauspiel, Skulpturkunst etc.),

- die Drittanerkennung und

- die Interpretationsfähigkeit.

H. Lasten- und Pflichtenheft

Ein Lastenheft und das darauffolgende Pflichtenheft bieten dem Auftraggeber und dem Auftragnehmer eine Grundlage für die Zusammenarbeit.

1. Lastenheft

Darunter versteht man einen **Anforderungskatalog** bzw. eine **Produktskizze**.
Es beschreibt die **Gesamtheit der Anforderungen** des Auftraggebers an die Leistungen und Lieferungen eines Auftragnehmers.

> **Kurz:** Lastenheft = Was will der Auftraggeber? = Die Sicht des Auftraggebers.

Folgende **Angaben** werden meistens in einem Lastenheft berücksichtigt:

- **Beschreibung des Ist-Zustandes**
  Welche Voraussetzungen liegen bereits vor?

- **Beschreibung des Soll-Zustandes**
  Zielsetzung des Vorhabens, Anforderungen an das Produkt bei seiner späteren Verwendung

- Definition von **Zuständigkeiten** und **Schnittstellen**
  Wer ist für was zuständig?

- **Funktionale Anforderungen**
  Legen fest, was das Produkt tun soll

- **Nichtfunktionale Anforderungen**
  Zuverlässigkeit, Benutzbarkeit, Effizienz, Wartbarkeit etc.

Für den Auftraggeber ist ein Lastenheft eine Erleichterung, **vergleichbare Angebote** verschiedener Anbieter einzuholen, weil jeder potentielle Auftragnehmer dieselbe Grundlage für ein Angebot vorliegen hat.
Damit kann der Auftraggeber leichter den **günstigsten Anbieter** herausfinden.

Und natürlich erleichtern es Lastenhefte dem Bewerber, exakt anzubieten.

2. Pflichtenheft

Ein Pflichtenheft kann mit einem **Angebot** verglichen werden. Es beschreibt in **konkreter Form**, wie der Auftragnehmer die Anforderungen im Lastenheft zu lösen gedenkt. Das heißt, das Pflichtenheft beschreibt, **wie** und **womit** der Auftragnehmer das Gesamtvorhaben umsetzen wird.

> **Kurz:** Pflichtenheft = Der Plan des Arbeitnehmers.

3. Begriffserklärungen

a) Freibleibendes Angebot bzw. unverbindliches Angebot

Hier handelt es sich um eine **Ausnahme** von dem Grundsatz, dass derjenige, der ein rechtliches Angebot nach § 145 BGB abgibt, an das Angebot auch **gebunden** ist.

Angebot = Ist eine empfangsbedürftige Willenserklärung, durch die einem anderen ein Vertragsschluss so angetragen wird, dass nur von dessen Einverständnis das Zustandekommen des Vertrages abhängt und zwar durch ein schlichtes „**ja**".

Bei der Formulierung freibleibendes bzw. unverbindliches Angebot wird deutlich, dass derjenige, der durch diesen Zusatz ein Angebot macht, sich an dieses **nicht gebunden** fühlt.

Das abgegebene Angebot ist für den Empfänger als **Aufforderung** zur Abgabe eines Angebotes zu sehen.

Derjenige, der ein freibleibendes Angebot abgibt, hat aber eine **Reaktionspflicht** auf Angebote, die er erhält. Hier muss er **unverzüglich** reagieren. Bei Unterlassung ist sein Schweigen rechtlich bindend (= konkludente Annahme).

Beispiel: Ein Verkäufer verwendet dann den Begriff „freibleibendes Angebot" bzw. „unverbindliches Angebot", wenn er sich bei der Erstellung seines Angebots nicht sicher sein kann, dass sich die Kosten nicht ändern, auf denen seine Kalkulation beruhen.

Wichtig: Wenn eine Vertragspartei ein Angebot als freibleibend oder unverbindlich kennzeichnet, dann kann sie **jederzeit** das Angebot **zurückziehen** oder zu **neuen Konditionen** anbieten.

> **Kurz:** Freibleibend = Unverbindlich in jeder Hinsicht (Menge, Preis, Liefertermin etc.).

b) Preise freibleibend

Mit dieser Formulierung wird zum Ausdruck gebracht, dass der Kaufpreis nach dem **zur Lieferzeit** geltenden Marktpreis bestimmt werden soll.

> **Kurz:** Preise freibleibend = Unverbindlich hinsichtlich Preis, allerdings **verbindlich** bzgl. Lieferzeit und Menge.

c) Ohne Gewähr

„Ohne Gewähr" ist eine Handelsklausel, die besagt, dass der Verkäufer **nicht** für Qualität, Versendungstermin und andere Vertragsvereinbarungen garantiert.

> **Kurz:** Ohne Gewähr = Unverbindlich in jeder Hinsicht (Menge, Preis, Liefertermin etc.).

I. Sinus-Milieus

Unter Sinus-Milieus versteht man **Zielgruppenmodelle**, die sich an der Lebensweltanalyse der Gesellschaft orientiert.

Sie wurden vom Markt- und Sozialforschungsunternehmen Sinus entwickelt.

Bei dem Zielgruppenmodell geht es um die Abgrenzung und Beschreibung von **sozialen Milieus** mit jeweils charakteristischen Einstellungen und **Lebensorientierungen**.

Die Zielgruppen-Einteilung erfolgt entlang zweier Dimensionen:

- **Soziale Lage** (Unter-, Mittel-, Oberschicht),

- **Grundorientierung** (Tradition, Neuorientierung, Modernisierung etc.).

Die Sinus-Milieus fassen also Menschen zusammen, die sich in **Lebensauffassung** (zu Arbeit, Familie, Freizeit, Geld, Konsum etc.) und **Lebensweise** ähneln = Es sind Gruppen Gleichgesinnter.

Mit den Sinus-Milieus kann man die Lebenswelten der Menschen von innen heraus verstehen: Was bewegt die Menschen und wie können sie bewegt werden?

Die Sinus-Milieus nehmen die Menschen **ganzheitlich** wahr und zwar im Bezugssystem all dessen, was für ihr Leben Bedeutung hat.

> **Kurz:** Die Sinus-Milieus unterteilen also Gruppen einerseits nach Wertorientierungen, Lebensstilen und sozialen Lagen. Andererseits unterteilen sie in beschreibende Titel (beispielsweise traditionelles Milieu, bürgerliche Mitte etc.).
> Es geht also nicht um formale demografische Kriterien wie Einkommen, Altersstufen, regionale Herkunft etc.

J. Angestelltenverhältnis – Selbständigkeit

Bei einem **Angestelltenverhältnis** stehen Arbeitgeber und Arbeitnehmer in einer **sozialversicherungspflichtigen** Beziehung (siehe §§ 611 bis 630 BGB).

Das Angestelltenverhältnis beruht auf einem privatrechtlichen Vertrag zwischen Arbeitnehmer und Arbeitgeber = **Arbeitsvertrag**.

Der **Arbeitsvertrag** stellt eine Sonderform des Dienstvertrages (§§ 611 ff. BGB) dar.
Der Vertrag regelt alle gesetzlichen und individuellen Absprachen zwischen den beiden Parteien.

Wichtig: Angestellte sind durch den Arbeitsvertrag **weisungsgemäß** an den Arbeitgeber gebunden.

Auf das Angestelltenverhältnis findet das BGB, das Arbeitsrecht, Tarifverträge und Betriebsabsprachen Anwendung.

1. Unterscheidung Dienstvertrag vom Werkvertrag

a) Dienstvertrag, §§ 611 ff. BGB

Bei dem Dienstvertrag geht es um den **Arbeitseinsatz**.

Jeder Arbeitsvertrag ist immer auch ein Dienstvertrag.
Beim **normalen** Dienstvertrag ist jedoch derjenige, der zur Leistung von Diensten verpflichtet ist, vom Auftraggeber **nicht sozial abhängig**. Daher sind nicht alle Dienstverträge auch Arbeitsverträge.

Beispiele: Normale Dienstverträge bei Ärzten, Rechtsanwälten etc.

b) Werkvertrag, §§ 631 ff. BGB

Bei dem Werkvertrag geht es um die Herstellung eines vereinbarten **Werkes** und nicht um den Arbeitseinsatz.

Merkmale eines Werkvertrages:

- Einmalige Leistung,
- Auftraggeber muss Werk akzeptieren und abnehmen,
- Zeitpunkt und Umfang der Abnahme sind festgelegt,
- Höhe der Vergütung ist festgelegt.

c) Zusammenfassung

Ein Arbeitnehmer befindet sich bei einem **Dienstvertrag** in Form eines Arbeitsvertrages in einem **Angestelltenverhältnis**.
Bei einem **Werkvertrag** ist der Unternehmer in der Regel **selbständig**.

2. Begriffserklärung: Unständige Beschäftigungen

Dauerbeschäftigungen sind von **unständigen Beschäftigungen** zu unterscheiden.

Ein **unständig Beschäftigter** ist ein Arbeitnehmer, der **nicht** ständig bei demselben Arbeitgeber beschäftigt ist und **kein festes Arbeitsverhältnis** besitzt.
Entscheidend ist der Zeitraum der Beschäftigung.

Unständig Beschäftigte arbeiten **weniger als sieben Kalendertage** am Stück. Es ist egal, wie viele Stunden der Beschäftigte an einem Tag arbeitet.

Beispiel: Schauspieler, die nur vier Tage bei einer Produktion mitwirken.

Für unständig Beschäftigte besteht **Sozialversicherungspflicht**. Es fallen die üblichen Beträge in der Kranken-, Pflege- und Rentenversicherung an. Allerdings besteht eine **Befreiung** von der **Arbeitslosenversicherung**.

Wichtig: Für unständig Beschäftigte gilt der **ermäßigte Beitragssatz** in der **Krankenversicherung**, da sie keinen Anspruch auf Krankengeld haben!

3. Selbständigkeit

Unter der beruflichen Selbständigkeit versteht man eine wirtschaftliche Tätigkeit, die allein auf **Rechnung** des Erwerbstätigen erfolgt.

a) Ordnungsgemäße Rechnungsstellung

Die Rechnung des Selbständigen hat folgende Pflichtangaben zu erfüllen:

- Vollständiger Name und Anschrift des **Rechnungsstellers**,

- Vollständiger Name und Anschrift des **Rechnungsempfängers**,

- Vom Finanzamt erteilte **Steuernummer / Steuer-ID** oder **Umsatzsteuer-Identifikationsnummer** des Rechnungsstellers.
  Anmerkung: Unterschied von Steuernummer und Steuer-ID: Die Steuernummer ist eine Kennziffer, unter der Personen bei ihrem Wohnsitzfinanzamt geführt werden (13 Ziffern). Die Steuer-ID ist eine dauerhafte und bundeseinheitliche Kennziffer für Personen mit Wohnsitz in Deutschland (11 Ziffern). Die Steuer-ID erhält seit 2007 jeder Bürger automatisch mit der Geburt bzw. bei Anmeldung in Deutschland. Die Steuer-ID bleibt ein Leben lang gleich! Die Steuer-ID soll die „alte" Steuernummer ersetzen.

- **Rechnungsdatum**,

- Fortlaufende **Rechnungsnummer**,

- **Menge** und **Art** der gelieferten Ware oder Leistung,

- **Leistungszeit** oder **-zeitraum**,

- **Nettobetrag**,

- **Umsatzsteuersatz** (7 % oder 19 %) oder im Fall einer **Steuerbefreiung** entsprechender Hinweis,

- **Bruttobetrag**,

- **Bankverbindung**,

- eventuelle zuvor vereinbarte **Nachlässe** (z. B. Skonto) = Aufschlüsselung von Entgeltminderungen.

Skonto = Nachlass am Preis, der gewährt wird, wenn die Bezahlung innerhalb einer **bestimmten Frist** oder **in bar** geleistet wird.

Wichtig: Rechnungen müssen **nicht** unterschrieben werden.

Durch die **fortlaufende Rechnungsnummer** soll sichergestellt werden, dass die vom Rechnungssteller formulierte Rechnung **einmalig** ist.
Es ist zulässig, eine oder mehrere Zahlen- oder Buchstabenreihen zu verwenden. Selbstverständlich können auch Ziffern und Buchstaben kombiniert werden.

Wichtig: Kleinunternehmerregelung (§ 19 UStG). Hier darf der Umsatz nicht mehr als 17.500 Euro im Jahr betragen. Als Kleinunternehmer ist man von der Umsatzsteuerpflicht **befreit**.

b) Anmelden einer freiberuflichen Tätigkeit

Freiberufler sind von der Eintragungspflicht beim Gewerbeamt bzw. beim Handelsregister **befreit**.
Eine freiwillige Eintragung ist natürlich möglich.

Wichtig: Gewerbetreibende müssen dagegen ihre Selbständigkeit als Gewerbe **anmelden**. Außerdem ist ein Gewerbe zu betreiben **einkommen-** und **gewerbesteuerpflichtig**. Der Freiberufler muss nur Einkommensteuer zahlen.

Ein **Gewerbetreibender** führt ein Gewerbe aus. Ein **Freiberufler** geht einem freien Beruf nach.
In **§ 18 EStG** ist eine Liste der Berufe, die als **freiberuflich** eingestuft werden.

Im **Zweifelsfall** entscheidet das **Finanzamt** darüber, ob die Selbständigkeit gewerblich oder freiberuflich ist.

Freiberufler müssen sich beim **Finanzamt** melden und zwar spätestens vier Wochen nach Aufnahme ihrer Tätigkeit. Vom Finanzamt erhalten die Freiberufler eine **Steuernummer**. Gegebenenfalls müssen sich die Freiberufler auch in **berufsständische Kammern** registrieren. Dies liegt vor bei: Ärzte, Apotheker, Notare, Rechtsanwälte, Patentanwälte, Steuerberater und Wirtschaftsprüfer, Architekten.

Krankenkasse:
Freiberufler wie Künstler und Publizisten werden über die Künstlersozialversicherung in die gesetzliche Sozialversicherung integriert = **Künstlersozialkasse** (KSK).

Der Freiberufler erbringt die Hälfte des Beitrags. Die andere Hälfte wird vom Bund und einer Abgabe von Unternehmen gewährt.

Bundesagentur für Arbeit:
Wenn ein **Freiberufler** den ersten Mitarbeiter einstellt, dann muss er bei der Bundesagentur für Arbeit eine **Betriebsnummer** beantragen. Wichtig ist die Nummer einerseits für die Anmeldung zur Sozialversicherung als auch bei der Krankenkasse des Mitarbeiters.

Berufsgenossenschaft:
Freiberufler müssen ihre Mitarbeiter bei der Berufsgenossenschaft anmelden und auch laufend Beiträge zahlen.

Freiberufler sind jedoch **selbst nicht** verpflichtet, Beiträge zur gesetzlichen Unfallversicherung zu zahlen.

Begriffserklärung: Durchgangsarzt
Ein **Durchgangsarzt** ist ein von der Berufsgenossenschaft beauftragter Arzt zur Behandlung nach **Arbeitsunfällen**.

Die Arbeitsunfälle sind über die Berufsgenossenschaft und nicht über die gesetzliche Krankenkasse versichert. Die freie Arztwahl ist daher eingeschränkt.

Ein Mitarbeiter, der bei einer Produktion einen Unfall erleidet, kann vom Produzenten nur dann **Schmerzensgeld** bzw. **Schadensersatz** verlangen, wenn **grobe Fahrlässigkeit** oder **Vorsatz des Unfallverursachers** nachgewiesen wurde. Sonst scheiden Schmerzensgeld / Schadensersatz bei Betriebsunfällen aus.

Die Berufsgenossenschaft im Medienbereich heißt BG ETEM (Energie, Textil, Elektro, Medienerzeugnisse).

c) Scheinselbständigkeit

Liegt vor, wenn Arbeitnehmer von ihrem Arbeitgeber **abhängig** und diesem gegenüber **weisungsgebunden** sind, obwohl sie nach außen hin als **selbständige Unternehmer** auftreten.

Selbständige Arbeitnehmer sind nicht mehr als selbständig, sondern als scheinselbständig anzusehen, wenn folgende Kriterien vorliegen:

- Nur für **einen Auftraggeber** tätig;

- **5/6** des Umsatzes wird durch **einen Auftraggeber** erreicht;

- Integriert in den **Betriebsablauf** und in die Organisation des Arbeitgebers;

- Vorgegebene **Arbeitszeit**;

- Ihre Leistungen dürfen **nicht** auf andere Personen übertragen werden;

- Betreiben keine weitere **Kundenakquise**.

Bei der Scheinselbständigkeit erfüllt der Arbeitgeber nicht seine steuerlichen und sozialversicherungsrechtlichen Pflichten.

Fliegt eine Scheinselbständigkeit auf, drohen hohe Nachzahlungssummen. Der **Arbeitgeber** muss dann entsprechend **Nachzahlungen** zur Renten-, Kranken-, Pflege- und Arbeitslosenversicherung vornehmen.

Der **scheinselbständige Arbeitnehmer** wiederum haftet über einen Zeitraum von drei Monaten für seinen Anteil an den Sozialversicherungsbeiträgen. Für alle übrigen Zeiträume haftet der Arbeitgeber für die ausstehenden Arbeitnehmeranteile.

K. Effektive Planung von Film- und Fernsehproduktionen

a) Phasen einer Medienproduktion

Jede Film- und Fernsehproduktion lässt sich in **5 Phasen** gliedern:

- 1. Projektentwicklung
- 2. Vorproduktion
- 3. Dreharbeiten
- 4. Postproduktion
- 5. Verwertung / Auswertung

1. Projektentwicklung

In dieser Phase wird ein **Drehbuch** erstellt. Anschließend wird die **Kalkulation** aufgestellt. Danach wird der **Finanzierungsplan** ausgearbeitet (siehe Erläuterungen der Begriffe auf Seite 63 ff.).

Bereits in der Projektentwicklung können die wichtigen kreativen Positionen im Team besetzt werden (= die sog. „**Heads-of**" = Heads of Department = "Abteilungsleiter"): Regie, Kamera, Schnitt, ggf. auch Hauptcast.

2. Vorproduktion (= Pre-Production)

Hier werden alle **technischen** und **organisatorischen** Schritte durchgeführt, die den eigentlichen Dreharbeiten vorausgehen.

Notwendige Arbeitsschritte in dieser Phase sind beispielsweise:

- die Erstellung eines **Drehplans** (siehe Erläuterung auf Seite 79);
- das Anfertigen eines **Storyboards** – sofern nötig;
- die Auswahl der **Drehorte**;

- das **Szenenbild** und die **Kostüme** werden produziert bzw. umgesetzt;

- **komplettes Team** wird besetzt;

- Erstellung der **Dispo** = **Tagesdisposition** (siehe Erläuterung auf Seite 80) für den **ersten Drehtag**.

Begriffserklärung: Storyboard
Die narrativen Ideen aus dem Drehbuch werden rein **visuell** umgesetzt.
Handlungsverläufe werden **bildlich dargestellt**. Es vermittelt einen ersten Eindruck für die spätere Umsetzung (Einstellungsgrößen, Blickwinkel und Perspektiven werden deutlich).
Jede Szene des Films wird in einzelne Einstellungen aufgelöst und in Form von Skizzen dargestellt.

Die Phase der Vorproduktion ist abgeschlossen, wenn die Dreharbeiten beginnen.

3. Dreharbeiten

Bei mehrtägigen Dreharbeiten werden die **Tagesdispositionen** am jeweiligen **Vortag** an das Team verteilt, das heißt, die Erstellung der Dispo ab dem zweiten Drehtag fällt in die Phase der Dreharbeiten.

Außerdem wird das Ergebnis eines jeden Drehtages im **Tagesbericht** festgehalten.

Eine ordnungsgemäße **Buchhaltung** ist genauso wichtig wie eine ständige Kontrolle der **Kostenentwicklung**.

Begriffserklärungen: Tagesbericht und Drehverhältnis
Mit **Tagesberichten** wird die Herstellung des Films dokumentiert.

Im Tagesbericht werden die abgedrehten Szenen notiert. Außerdem werden auch die Szenen dokumentiert, die am Drehtag nicht geschafft wurden.

Der Tagesbericht enthält auf einen Blick alle **produktionsrelevanten Informationen**:

- Arbeitsbeginn und -ende des Teams;
- Drehbeginn und -ende;
- Anwesende Schauspieler;
- Gedrehte Szenen und Einstellungen;
- Materialverbrauch;
- Vergleich Vorstoppzeiten zu Drehstoppzeiten (siehe Erläuterungen auf Seite 80);
- Drehverhältnis.

Tagesberichte sind für das Controlling erforderlich.

Ein **Drehverhältnis** macht eine Aussage darüber, wie viel des gedrehten Materials sich **prozentual** im fertigen Film wiederfindet. Ein Drehverhältnis von 1:4 besagt also, dass ¼ = 0,25 = 25 % des gedrehten Materials letztlich für den fertigen Film verwendet wurde.

Das Drehverhältnis wirkt sich vor allem auf

- die **Dauer der Dreharbeiten**,
- die **Dauer der Schnittvorbereitung** und des **Schnitts**,
- auf die **Anzahl** und **Aufnahmekapazität** der **Speichermedien** aus.

Je höher also das Drehverhältnis ist, desto höher sind der Zeitaufwand bei Dreh und Schnitt.
Und damit **steigen** natürlich auch die Kosten.

Ein Verhältnis von 1:1 erhält man, wenn die Montage direkt in der Kamera erfolgt.

Dokumentarfilme haben meistens ein höheres Drehverhältnis als fiktionale Projekte.

Wie lässt sich ein Drehverhältnis positiv beeinflussen? Erstellung eines Drehplans, Storyboards, Vorbesichtigungen durchführen etc.

4. Nachproduktion (= Post-Production oder Postproduktion)

Zur Phase der Nachproduktion gehören vor allem folgende Arbeitsschritte:

- Schnitt (Roh- und Feinschnitt);

- Farbkorrektur (= Color Grading oder Color Correction);

- Sound Design;

- Musikkomposition;

- Titeldesign (= Title Design);

- VFX (= Visuelle Effekte);

- Mischung;

- Ausspielung.

Begriffserklärungen: Roh- / Feinschnitt, Farbkorrektur, Sound Design, VFX, Mischung
Der **Rohschnitt** ist die **erste Auswahl** und **Anordnung** des gedrehten Filmmaterials. Es werden die Reihenfolge der Szenen und Einstellungen und die Grundstruktur der Geschichte bestimmt.

Die **Fertigstellung** des Schnitts eines Films wird dann als **Feinschnitt** bezeichnet.
Unter „**Picture lock**" versteht man den Zeitpunkt, ab dem der Filmschnitt **nicht mehr verändert** wird.

Die **Farbkorrektur** bezeichnet den **Look** des Films. Es werden Lichtstimmungen, Farbabstufungen und Kontraste angepasst, um die inhaltliche und emotionale Aussage und Wirkung eines Films zu unterstreichen.

Beim **Sound Design** steht die Ausarbeitung sämtlicher **akustischer Elemente** im Fokus:

- Dialoge,
- Hintergrundgeräusche,
- Atmosphären und
- spezielle Soundeffekte.

VFX bzw. visuelle Effekte werden dann eingesetzt, wenn man das Filmmaterial **aufbessern** oder **bestimmte Effekte** erzielen möchte, die mit einer unbearbeiteten Aufnahme nicht oder nur umständlich zu erreichen wären (z. B. brennendes Haus).

Mischung: Hier werden die einzelnen **Tonspuren** (Dialoge, Geräusche, Soundeffekte, Musik) zu **einem** Masterband abgestimmt.

5. Verwertung / Auswertung

Die Verwertung bzw. Auswertung umfasst die für einen Film möglichen **Erlösformen**.

Hier geht es um die **Marketing-Kampagne** für den Film: Wie und wann wird Werbung veröffentlicht, Filmplakate und Trailer erstellt etc.?
Wann kommt der Film ins Kino oder wird als Fernsehfilm ausgewertet?
Wann erscheint der Film auf DVD oder Blu-ray?

b) Kalkulation

Unter einer **Filmkalkulation** versteht man die **Auflistung aller Kosten**, die bei der **Produktion** eines Films entstehen.

Die Kalkulation dient der **exakten** und **realistischen** Einschätzung und **finanziellen Bewertung** des Filmprojekts.

Wichtig: Die Kalkulation basiert auf dem **fertigen Drehbuch**, denn nur aus dem Buch erfährt man alle produktionsrelevanten Daten.

Häufig wird die Kalkulation im Laufe des Produktionsprozesses stets aktualisiert.

Man unterscheidet die **Vorkalkulation** von der **Nachkalkulation**.

Die **Vorkalkulation** wird **vor Drehbeginn** erstellt.

Die **Nachkalkulation** ist eine Kalkulation anhand der **tatsächlich entstandenen Kosten**.
Nach oder während der Produktion kommt die permanente Nachkalkulation zur Anwendung. Sie zeigt auf, ob die Vorkalkulation mit den tatsächlichen Produktionsbedingungen übereingestimmt hat.
Durch die mitlaufende Betrachtung können schon während des Produktionsprozesses monetäre Fehlentwicklungen erkannt und damit auch ausgeglichen werden.

Wichtig: In einer Filmkalkulation werden **nicht** die Kosten für die **Verwertung** bzw. für die **Herausbringung** des Films berücksichtigt.

In Deutschland wird für alle Filmproduktionen überwiegend das sog. **FFA-Kalkulationsschema** verwendet.

FFA = Filmförderungsanstalt.

Das Schema kann auf der Homepage der FFA heruntergeladen werden:

www.ffa.de/produktion.html

⇨ Dann auf „Informationen und Formulare" klicken;

⇨ „Kalkulationsschema für Spiel- und Dokumentarfilm".

Aufbau des FFA-Schemas:

I. Vorkosten

Beispiele für Kostenpositionen:
- Casting;

- Motivsuche;

- Recherche;

- Reisekosten für Gespräche mit potentiellen Teammitgliedern.

II. Rechte und Manuskript

Beispiele für Kostenpositionen:
- Verfilmungsrechte;

- Drehbuch;

- Archivrechte;

- Kompositionsrechte;

- Dolby Lizenz (Mehrkanal-Tonsystem der Firma Dolby).

III. Gagen

Honorare aller am Film beteiligten Personen.

Beispiele:
- Produktionsstab;

- Regiestab;

- Ausstattungsstab;

- Darsteller.

IV. Atelier

Beispiele für Kostenpositionen:
- Hallenmiete;
- Nebenkosten;
- Reinigung.

V. Ausstattung und Technik

Beispiele für Kostenpositionen:
- Genehmigungen und Mieten, d. h. Drehgenehmigungen, Motivmiete, Absperrungen etc.;
- Szenenbild;
- Requisiten;
- Kostüme;
- Schminkmaterial;
- Technische Ausrüstung, d. h. Kamera-, Licht-, Tonequipment.

VI. Reise- und Transportkosten

Beispiele für Kostenpositionen:
- Reisekosten zum Drehort;
- Hotelkosten;
- Kilometer-Geld, Benzin;
- Transport zum Drehort;
- Zollkosten.

VII. Filmmaterial und Bearbeitung

Diese Position wird nur dann kalkuliert, wenn der Film in 35-mm oder 16-mm gedreht wurde:
- Rohfilmmaterial;
- Kopierwerk;
- Tonüberspielung.

VIII. Endfertigung

Beispiele für Kostenpositionen:
- Schnittplatz;
- Sprachaufnahmen;
- Sound Design;
- Farbkorrektur;
- Mischung;
- Geräuscheaufnahmen.

IX. Versicherungen

Beispiele für Kostenpositionen:
- Haftpflichtversicherung;
- Unfallversicherung;
- Equipmentversicherung;
- Kassenversicherung;
- Wetterversicherung;
- Requisitenversicherung;
- Reisegepäckversicherung.

X. Allgemeine Kosten

Beispiele für Kostenpositionen:
- Übersetzungen;
- Bewirtungen, Catering, Spesen;
- Büromaterial für das Projekt.

XI. Kostenmindernde Erträge

Kostenmindernde Erträge aus:
- Verkauf von Sachen (Requisiten, Kostüm etc.);
- Verkauf von Rechten (Musik etc.);
- Werbung, von Sponsoren etc.

Die Positionen werden nur dann berechnet, wenn man **bei der Erstellung** der Kalkulation **sicher weiß**, dass es zum Beispiel einen Abnehmer für die Requisiten gibt, der diese nach Drehende zu einem Betrag von Summe X kauft.

A. Fertigungskosten

Fertigungskosten sind die Kosten, die man erhält, wenn man **alle Kostengruppen** (I. bis X.; XI. müsste abgezogen werden) **addiert**.
Diese Kosten entstehen **direkt** nur mit dem jeweiligen Projekt.

B. HU

Eigentlich Handlungsunkosten, aber knapp **Handlungskosten**. Die HU zahlt z. B. der Sender für alle Kosten, die **nicht direkt** dem Projekt zugeordnet werden können, aber trotzdem anfallen:
- Büromiete,
- Telefonkosten,
- Gehälter der Angestellten,
- Reisekosten etc.

Die HU sind **prozentual** abhängig von den Fertigungskosten

C. Überschreitungsreserve

Darunter versteht man eine **finanzielle Reserve**, falls Kosten unerwartet höher ausfallen.

Die Überschreitungsreserve ist **prozentual** abhängig von den Fertigungskosten.

D. Finanzierungskosten

Diese Kosten entstehen dann, wenn z. B. ein Bankdarlehen in Anspruch genommen wird.

E. Treuhandgebühren

Treuhandgebühren oder Verwaltungsgebühren fallen z. B. immer dann an, wenn eine **Filmförderungsinstitution** das Projekt finanziert.
Meistens schalten dann diese Institutionen sog. Treuhänder ein (die Film- und Medienstiftung NRW schaltet z. B. immer die Wirtschaftsprüfungsgesellschaft PwC ein), die die eingegangenen Gelder der Filmförderungsinstitutionen verwalten und diese nach Erfüllung gewisser Etappen an den Berechtigten auszahlen.

F. Completion Bond

Darunter versteht man eine sog. **Fertigstellungsgarantie**.

Der Completion Bond übernimmt gegenüber den **Geldgebern** die Garantie dafür, dass das Vorhaben in jedem Fall **zu Ende gebracht** wird oder dass die Geldgeber ihr **investiertes Geld zurückerhalten**, wenn die Produktion aufgegeben werden muss.

Ein Flop an der Kinokasse wird damit aber natürlich nicht abgesichert!

G. Producers Fee

Es handelt sich hierbei um das **Produzentenhonorar**, das **prozentual** abhängig von den Fertigungskosten ist.

H. Herstellungskosten

Die Herstellungskosten sind die **entscheidende Bezugsgröße** für den Produzenten. Diese Summe benötigt er, um den Film umsetzen zu können.

Kurz: Jede Filmkalkulation lässt sich in **zwei Bereiche** gliedern: **Fertigungskosten** und **Herstellungskosten**.

Die Produktionskosten werden in **Kostengruppen** unterteilt, die in der Summe die **Fertigungskosten** ergeben.
Zusätzlich können aber weitere Positionen hinzukommen, die nicht zwingend direkt etwas mit dem Projekt zu tun haben müssen, wie zum Beispiel die Handlungskosten.

Des Weiteren können zu den Fertigungskosten die Positionen C. bis G. hinzukommen.

Die **Summe aller Kosten** ergibt die **Herstellungskosten**.

Herstellungskosten = Fertigungskosten + weitere Kostenpositionen, die nicht notwendigerweise direkt mit dem Projekt zu tun haben müssen.

Begriffserklärung „**Zuschlagskalkulation**":
Kosten werden kalkuliert, die direkt in die Produktion fließen = Fertigungskosten. Darauf werden anteilig ein Gemeinkostenzuschlag in Prozent der errechneten Summe (= **HU**) und ein **Gewinn** zugeschlagen.

c) Finanzierungsplan

Zunächst versteht man unter einer Filmfinanzierung die **Beschaffung von Kapital** zur Herstellung eines Films.

Nachdem das Projekt kalkuliert ist und der Produzent die Summe der Herstellungskosten kennt, kann er den Finanzierungsplan aufstellen.

Der Produzent listet in dem Finanzierungsplan auf, von welcher Seite er Geld für das vorhandene Projekt generieren kann, um auf die Summe der Herstellungskosten zu kommen. Erst wenn der Finanzierungsplan erfolgreich umgesetzt und damit geschlossen werden kann, kommt es zur Produktion des Films.

Ein Finanzierungsplan kann sich u. a. durch folgende Elemente zusammensetzen:

- Eigenkapital,

- Filmförderungen: regional, national, EU-Ebene etc.,

- Sponsoring,

- Bankdarlehen,

- Co-Produzent/en,

- Sender,

- Verleihgarantie,

- Weltvertriebsgarantie,

- Referenzmittel der FFA.

Eigenkapital
Darunter versteht man **Barmittel**. Falls keine Barmittel vorhanden sind, kann der Eigenkapitalanteil i. d. R. auch in Form von

- **Rückstellung/en** oder

- **Beistellung/en**

vollzogen werden.

Rückstellung

Mitwirkende **verzichten** auf Teile ihres garantierten **Honorars** für einen gewissen Zeitraum, um so die Produktion in finanzieller Hinsicht zu entlasten.
Eine Rückstellung ist an eine Bedingung geknüpft, z. B. wenn eine bestimmte Profitabilität der Produktion erreicht ist. Erst dann kommt es zu (anteiligen) Auszahlungen.

Beistellung

Darunter sind **Sachleistungen** zu verstehen. Zum Beispiel wird das eigene Equipment oder der eigene Schnittplatz mit in die Produktion gegeben.

Verleihgarantie

Das ist ein **Lizenzgeschäft**. Der Produzent gibt die Auswertungslizenz an einen **Verleiher**. Der Verleiher erwirbt damit das Recht, den Film innerhalb gewissen zeitlichen Grenzen auszuwerten (Kinoauswertung innerhalb der BRD bzw. der deutschsprachigen Gebiete).
Für diese Auswertungslizenz erhält der Produzent **Geld** vom Verleiher bzw. eine **prozentuale Beteiligung**.
Auch kann die DVD-Verwertung und die Auswertung im TV eine Rolle spielen. Das kommt dann auf die individuelle Vertragsgestaltung an.

Weltvertriebsgarantie

Das ist auch ein **Lizenzgeschäft**. Die Auswertungskette ist dieselbe wie bei der Verleihgarantie – nun jedoch auf das **Ausland** bezogen.

Referenzmittel der FFA

Hierunter ist kein Darlehen zu verstehen, sondern ein **nicht rückzahlbarer Zuschuss**.

Es sind **Prämien** der Filmförderungen, resultierend aus dem Zuschauer- oder dem Festivalerfolg eines vom Produzenten bereits ausgewerteten Films.

Um Referenzmittel zu erhalten, muss der Produzent z. B. einen Film produziert haben, der eine bestimmte Anzahl von Zuschauern hatte. Die Referenzmittel können dann in ein **neues Filmprojekt** zweckgebunden investiert werden.

d) Cashflow-Plan und Recoupment-Plan

Cashflow-Plan: Wochengenauer Abgleich von **Mittelzufluss** und **Mittelabfluss** einer Produktion zur Ermittlung des **Zwischenfinanzierungsbedarfs**.

Dieser Plan ist wichtig, damit die Produktionsfirma jederzeit ihren Zahlungsverpflichtungen nachkommen kann.

Aus dem Plan erkennt man, wann mit Kosten und Erlösen zu rechnen ist und in welchen Zeiträumen das Bankkonto vermutlich überzogen sein wird. Hier würde dann ggf. eine Zwischenfinanzierung in Frage kommen.

Recoupment-Plan (engl.: Recoupment = Zurückgewinnung; Entschädigung)**:** Ein Recoupment-Plan legt fest, in welcher **Rangfolge** die beteiligten **Koproduzenten** an den Produzentennettoerlösen beteiligt werden sowie in welchem Verhältnis die Rückführung der Eigenmittel des **Verleihs** zu erfolgen haben.

Ein Recoupment-Plan enthält aber auch die Auflistung, wann welche **Förderung** getilgt wird.

Wie ein Mittelrückflussplan gestaltet ist, ist Verhandlungssache.

e) Filmförderung / Filmförderinstitutionen

Auf Länder- und Bundesebene gibt es in Deutschland einige Filmförderungen. Mit den Förderungen soll die Filmwirtschaft unterstützt werden. Ohne diese Förderungen würde es häufig nicht zu einer Realisierung kommen.

Es gibt folgende **Förderarten**:

- Unbedingt rückzahlbare Darlehen,

- Bedingt rückzahlbare Darlehen,

- Reine Zuschüsse (nicht rückzahlbar).

Unbedingt rückzahlbare Darlehen
Diese Darlehen sind auf jeden Fall vom Produzenten **zurückzuerstatten**.

Bedingt rückzahlbare Darlehen
Der Produzent muss ein bedingt rückzahlbares Darlehen erst dann an den Förderer zurückzahlen, wenn er einen **Gewinn** erwirtschaftet.

Länderförderung
Fast jedes Bundesland hat eine Landesförderung (= regionale Förderung).

Die drei **finanzstärksten** regionalen Förderer sind:

- FilmFernsehFonds Bayern,

- Filmboard Berlin-Brandenburg,

- Film- und Medienstiftung NRW.

Weitere Landesförderungen. Zum Beispiel:

- Filmförderung Hamburg,
- Hessische Filmförderung,
- MFG Medien- und Filmgesellschaft Baden-Württemberg,

- Film- und Medienförderung Bremen,
- Nordmedia Niedersachsen/Bremen,
- Kulturelle Filmförderung Mecklenburg-Vorpommern,
- Kultusministerium Rheinland-Pfalz,
- Saarland Medien,
- Mitteldeutsche Medienförderung (Thüringen, Sachsen und Sachsen-Anhalt).

Allgemeine Bedingungen an die Landesförderung:
Die Landesförderungen unterscheiden sich von den nationalen Förderungen (Bundesförderung) im Wesentlichen durch die Verpflichtung, die gewährten Finanzierungsmittel im gewährenden Bundesland zu verwenden (= sog. **„Ländereffekte"**).
Denn es handelt sich meistens um eine **Wirtschaftsförderung**. Kultureller Aspekt bleibt eher im Hintergrund.
Der Produzent muss hier einen bestimmten Prozentsatz – in der Regel weit über 100 % der Länderfördersumme – in dem **jeweiligen Bundesland** ausgeben.

In den meisten Fällen werden die Förderzuwendungen durch ein **Gremium** entschieden.

Bundesförderung
Hier sind vor allem folgende Förderinstitutionen wichtig:

- Filmförderungsanstalt FFA,

- Deutscher Filmförderfonds (DFFF),

- BKM Förderung durch den Beauftragten der Bundesregierung für Kultur und Medien,

- Kuratorium junger deutscher Film.

Die **FFA** unterliegt dem **FFG** (Filmfördergesetz).

Für den **DFFF** ist die FFA die zuständige Einrichtung für die Durchführung der Förderung.

Das **Besondere beim DFFF** ist die Tatsache, dass die Förderung in Form einer **automatischen Förderung** erfolgt.
Das heißt: Liegen die **Förderungsvoraussetzungen** vor und sind **ausreichende Mittel** vorhanden, dann erhält der Antragsteller einen Zuschuss – **ohne** Gremiumsentscheidung.
Der Antragsteller muss die Förderung **nicht** zurückzahlen.
Voraussetzungen für eine Förderung sind u. a.:

- Mindestens 25 % des Produktionsbudgets muss in Deutschland ausgegeben werden;

- Höhe der Förderung kann max. 20 % der anerkannten deutschen Herstellungskosten betragen.

Bei den Bundesförderungen gibt es **keine Bedingung**, einen bestimmten Anteil der Mittel in einem vorgegebenen Bundesland auszugeben.
Förderungsbedingungen sind unterschiedlich und in den jeweiligen Richtlinien nachzulesen.

Förderungen auf EU-Ebene
Hier sind vor allem zwei Förderinstitutionen wichtig:

- EURIMAGES,

- MEDIA.

EURIMAGES hat 37 Mitgliedsstaaten, die zu den **Antragsberechtigten** gehören.
Das Ziel der Förderung ist es, die **europäische** Produktion und Distribution der Filmindustrie zu **unterstützen**.

Antragsberechtigt sind Koproduktionen zwischen **mindestens zwei** Mitgliedstaaten. Die Produktion muss für eine Kinoauswertung bestimmt sein.

MEDIA: Bei MEDIA werden **keine Produktionen** von Filmen gefördert, sondern es gibt nur Förderungen von **Filmprojektentwicklungen** (TV / Kino) sowie von **Verleih** und **Vertrieb** europäischer Filme und von **Computerspielen**.

f) Produktionsarten

Man unterscheidet vor allem 5 Produktionsarten:

- Eigenproduktion,

- Fremdproduktion,

- Auftragsproduktion,

- Freie Filmproduktion,

- Koproduktion.

Eigenproduktion
Alle Stufen des Produktionsprozesses liegen in den Händen des ausstrahlenden **Fernsehsenders:**
- Konzeption,

- Produktion,

- Postproduktion,

- Ausstrahlung.

Der Sender trägt damit die inhaltliche / redaktionelle Verantwortung und organisiert die Produktion auch selbst.

Fremdproduktion

Hier handelt es sich in der Regel um **komplette Fernsehformate** oder **Filme**. Der ausstrahlende Sender erwirbt von einem **Rechtehändler** die Lizenz, diese Programme auszustrahlen, das heißt, der Sender hat **keinerlei** Einfluss auf den Inhalt der Sendungen.

Auftragsproduktion

Ein Sender beauftragt einen Auftragsproduzenten mit der Herstellung eines Films. Der Auftragsproduzent braucht sich **nicht** um die **Vermarktung** zu kümmern, da er ja im Auftrag arbeitet.

Der Sender **finanziert** den Film, der Auftragsproduzent gibt eine **Kalkulation** ab, auf deren Basis der Film dann abgerechnet wird, das heißt, das Risiko des Auftragsproduzenten liegt ausschließlich darin, den Film stoffgerecht im Rahmen der mit der Kalkulation vereinbarten Bedingungen fertigzustellen.

Die **Nutzungsrechte** am Film gehen ausschließlich an den Sender, der dann vermarkten kann.

Freie Filmproduktion

Der Produzent ist **unabhängig** am Markt tätig. Er sorgt für die **Finanzierung** des Films, indem er ggf. verschiedene Quellen aufschließt (Kredite, Filmförderung, Eigenmittel etc.) und er **vermarktet** den Film selber, d. h. er sucht Verleiher für die Kinoauswertung, Vertrieb etc.

Damit trägt er das **volle unternehmerische Risiko**.

Urheberrechtlich ist der freie Produzent derjenige, der alle **Nutzungsrechte** am Film hat.

Koproduktion

Mehrere Filmproduktionsgesellschaften aus einem oder mehreren Ländern arbeiten gemeinsam an einem Filmprojekt.

Eine Koproduktion wird meistens dann interessant, wenn zur Herstellung des Films die notwendigen Ressourcen alleine nicht aufgebracht werden können.

Bei Koproduktionen unterscheidet man häufig zwischen **Mehrheitsproduzent** (Majoritätsproduzent) und **Minderheitsproduzent** (Minoritätsproduzent).

Mehrheitsproduzent = Derjenige, der den größeren Teil der finanziellen Mittel bereitstellt. Er hat natürlich ein größeres Mitspracherecht bei der Gestaltung und erhält einen größeren Anteil der Erlöse, Gewinne etc.

Wichtig: Egal, um welche Produktionsart es sich handelt: **Urheberrechte** entstehen immer bei der **jeweiligen Person** (Kameramann, Cutter, Sounddesigner etc.). Diese können **nicht übertragen** werden. Nur die **Nutzungsrechte** können entsprechend „hergegeben" werden.

g) Drehplan

Ein Drehplan ist ein wichtiges Hilfsmittel für den **organisatorischen** Ablauf der Dreharbeiten.
Auch für die Erstellung der **Kalkulation** ist ein Drehplan hilfreich.

Denn aus dem Drehplan ergeben sich die **Anzahl der Drehtage** und hierdurch dann letztlich auch der Beschäftigungszeitraum für die Teammitglieder bzw. die Mietdauer des Equipments und die Mietdauer der Motive.

In einem Drehplan wird der **Ablauf** der Dreharbeiten festgelegt.

Angaben, die in einem Drehplan enthalten sind:

- Datum,

- Bildnummer, die gedreht wird,

- Motive,

- Tag- oder Nachtdreh,
- Innen oder außen,
- Kurzzusammenfassung der zu drehenden Bilder,
- Darsteller = Rollen,
- Komparsen,
- Besonderheiten (spezielle Requisiten, Kinder, Tiere, Stunts etc.),
- Vorstoppzeit,
- Seitenlänge der Drehbuchszenen.

Der Drehplan ist die **Grundlage für die Dispo**.

Vorstoppzeit: Darunter versteht man ein Verfahren, um **vor** Beginn des Drehs die **ungefähre Länge** des fertigen Films zu ermitteln. Hierzu werden die einzelnen Szenen vorgestoppt. Ohne diese Zeit könnte man nicht abschätzen, wie viel an einem Tag gedreht werden kann.

h) Tagesdisposition / Dispo

Die Dispo ergibt sich aus dem **Drehplan**.

Sie beschreibt bei Filmproduktionen eine für jeden Drehtag erstellte **Übersicht** bzgl. des absolvierenden Pensums. Des Weiteren erhält die Dispo **spezifische Infos** für einzelne Mitglieder des Teams.

Die Dispo dient demnach als **Informationsquelle**. Ferner kann mit ihr der **Zeitplan** eingehalten werden. Sie kann zusätzlich als **Beleg für die Anwesenheit** der Teammitglieder dienen.

> Kurz: Dispo = **Fahrplan** für alle Beteiligten. Was muss gemacht werden?

Die Dispo erstellt meistens der **erste Aufnahmeleiter** in Übereinstimmung mit dem **Regieassistenten** und wird bei mehrtägigen Dreharbeiten am **jeweiligen Vortag** an das Team verteilt.

Infos, die eine Dispo enthält:

- Aktuelles Datum,

- Name des Projekts,

- Anschrift und Kontaktdaten der Firma,

- Kontaktdaten des Set-Aufnahmeleiters,

- Drehort/e (Adresse),

- Zeitplan (Drehbeginn, -schluss, Arbeitszeiten aller Teammitglieder),

- Pensum: Welche Szenen werden gedreht?

- Besonderheiten: Parkplatzsituation; Strom-, Wasseranschlüsse; Aufenthaltsräume; WC;

- An- und Abreisezeiten Schauspieler („Shuttle");

- Anzahl der Komparsen;

- Wetteraussichten (morgens, mittags, abends; Regenwahrscheinlichkeit);

- Sonnenaufgang, Sonnenuntergang;

- Wegbeschreibung zum Drehort;

- Vordispo = Kurzinfo für den übernächsten Drehtag (Drehbeginn, Drehschluss; Motivadresse, geplante Szenen).

i) Drehgenehmigung

Eine Drehgenehmigung ist die **Erlaubnis des Eigentümers** eines Motivs, dieses für das Drehen einer Film- oder Fernsehaufnahme zu verwenden.
Sie schützt das Team vor Störungen und Anzeigen.

Man unterscheidet beim **Motiv** zwischen drei Arten räumlicher Nutzung:

- öffentlicher Raum,

- halböffentlicher Raum,

- privater Raum.

Die Unterscheidung ist wichtig, dass man weiß, an **wen** man sich mit einer Drehgenehmigungsanfrage wendet. Es geht also um die Zuständigkeiten.

Beim **öffentlichen Raum** muss man sich an die **örtliche, zuständige Verwaltungsbehörde** wenden.

Ein **halböffentlicher Raum** ist zwar privates Eigentum, wendet sich in seiner Funktion aber an die Öffentlichkeit (z. B. Kaufhaus).

Beim **privaten** und **halböffentlichen Raum** muss man sich an den **Eigentümer** wenden.

Besonderheit: Panoramafreiheit = Straßenbildfreiheit (§ 59 UrhG) => Siehe auch Kapitel Urheberrecht
Bauwerke und Architektur können **urheberrechtlich** geschützte Werke sein. Für Fotos und Filmaufnahmen müssten also auch

Genehmigungen eingeholt werden. Hier sieht jedoch das deutsche Urheberrecht eine Einschränkung vor.

Die Straßenbildfreiheit erlaubt es, diese Werke **ohne Genehmigung** zu filmen bzw. zu fotografieren und die Aufnahmen dann zu veröffentlichen bzw. zu verwerten.
Wichtig und entscheidend ist, dass man sie von **öffentlichen Straßen** aus sieht und von dort aus fotografiert / filmt.

Die Straßenbildfreiheit deckt das bloße Anfertigen als auch die Veröffentlichung ab.

Allerdings ist zu beachten, dass die Straßenbildfreiheit dann **zurücktritt**, wenn das **Eigentumsrecht**, das **Hausrecht** oder **Persönlichkeitsrechte** der Bewohner / des Bewohners geltend gemacht werden.

Besonderheit: Öffentlicher Raum
Eine Drehgenehmigung muss im öffentlichen Raum auch nicht eingeholt werden, wenn die Dreharbeiten nur mit einer **Handkamera** bzw. mit einer Kamera auf einem Stativ durchgeführt werden.
Wichtig ist, dass **keine Behinderungen** oder **Störungen** verursacht werden.

j) Gesetzliche Regelungen zu Arbeitszeiten

Arbeitszeiten können hier festgelegt sein:

- ArbZG (Arbeitszeitgesetz) / JArbSchG (Jugendarbeitsschutzgesetz),

- Individualvertrag,

- Tarifvertrag / Manteltarifvertrag.

Arbeitszeitgesetz

Arbeitszeit wird definiert als die Zeit vom **Beginn** bis zum **Ende** der Arbeit.

Wichtig: Ruhepausen werden in diesem Zusammenhang **nicht** der Arbeitszeit zugerechnet – auch nicht der Hin- bzw. Rückweg zur oder von der Arbeit.

Nach **§ 3 ArbZG** darf die Arbeitszeit eines Arbeitnehmers an einem Werktag **maximal acht Stunden** betragen.
Sie kann auf bis zu **zehn Stunden** nur verlängert werden, wenn innerhalb von sechs Kalendermonaten oder innerhalb von 24 Wochen im Durchschnitt acht Stunden werktäglich nicht überschritten werden.

Nach **§ 4 ArbZG** darf **maximal sechs Stunden** am Stück gearbeitet werden, danach muss mindestens eine **30-minütige** Pause erfolgen.
Bei mehr als **neunstündiger** Arbeitszeit: **45 Minuten** Pause.

Nach **§ 5 I ArbZG** gilt: **Ruhezeiten** von einem Arbeitstag auf den anderen: **11 Stunden**.
Im **Ausnahmefall** für **Rundfunkbetriebe** gilt eine 10 Stunden Ruhezeit. Allerdings muss innerhalb von 4 Wochen durch Verlängerung einer anderen Ruhezeit auf 12 Stunden ausgeglichen werden (§ 5 II ArbZG).

Besonderheit: Minderjährige Auszubildende

Minderjährige Azubis dürfen zwischen 20 Uhr und 6 Uhr **nicht** arbeiten. Ausnahmeregelungen sind vorhanden.

Nach 4,5 bis 6 Stunden Arbeitszeit muss mindestens eine halbe Stunde Pause gemacht werden. Nach mehr als 6 Stunden Arbeit muss die Pause 1 Stunde lang sein.

Minderjährige Azubis dürfen pro Tag nicht länger als 8 Stunden arbeiten (wöchentliche Arbeitszeit max. 40 Stunden).

Anrechnung von Berufsschulzeiten: Mehr als 5 Schulstunden werden pauschal mit 8 Stunden Arbeitszeit gleichgesetzt.

Jugendarbeitsschutzgesetz (JArbSchG) und Kinderarbeitsschutzverordnung
Die Kinder-/ Jugendarbeit ist im JArbSchG und in der KindArbSchV geregelt.

Das JArbSchG und die KindArbSchV schaffen die rechtlichen Voraussetzungen, um Kinder und Jugendliche vor Überforderung, Überbeanspruchung und deren Gefahren am Arbeitsplatz zu schützen.

Definition von Kind und Jugendlicher im JArbSchG

§ 2 Jugendarbeitsschutzgesetz: Kind, Jugendlicher
(1) Kind im Sinne dieses Gesetzes ist, wer noch nicht 15 Jahre alt ist.
(2) Jugendlicher im Sinne dieses Gesetzes ist, wer 15, aber noch nicht 18 Jahre alt ist.
(3) Auf Jugendliche, die der Vollzeitschulpflicht unterliegen, finden die für Kinder geltenden Vorschriften Anwendung.

Besonderheit: Ausnahmeregelung für Kinder-/Jugendarbeit
Wenn es um Arbeitsschutz von Kindern und Jugendlichen im **Medien-/Kulturbereich** geht, dann ist die Ausnahmeregelung von **§ 6 JArbSchG** einschlägig.

Danach gilt:

Kinder unter 3 Jahren:
Eltern sind verantwortlich.
Hier ist **keine** behördliche Genehmigung erforderlich, da diese Kinder noch keine weisungsgebundene Tätigkeit ausüben können.

Kinder von 3 bis 6 Jahren:
Beschäftigung bis zu **2 Stunden** täglich in der Zeit von 8 bis 17 Uhr möglich.

Aber: Behördliche Genehmigung erforderlich, d. h. Antrag stellen mit:

- Ort und die Art der Produktion;

- die Tage und die Zeit des Einsatzes;

- die darstellerische Rolle des Kindes;

- die namentliche Benennung der Betreuungsperson,

- Einverständniserklärungen der Eltern, Schule, des Jugendamts und des Arztes müssen vorliegen.

Kinder von 6 Jahren und Jugendliche bis zur **Beendigung** der **Vollzeitschulpflicht**: Beschäftigung bis zu **3 Stunden** täglich in der Zeit von 8 bis 22 Uhr möglich.

Aber: Behördliche Genehmigung erforderlich (siehe wie bei Kinder von 3 bis 6 Jahren), Einverständniserklärungen der Eltern, Schule, des Jugendamts und des Arztes müssen vorliegen.

Lektion L: Allgemeine Übungsaufgaben

1) Kreuzen Sie die richtigen Aussagen an:

Panoramafreiheit...
a) ist die Freiheit, urheberrechtlich geschützte Gegenstände, die von privaten Verkehrswegen aus auf öffentliche Straßen zu sehen sind, bildlich wiederzugeben und zwar ohne eine Genehmigung einholen zu müssen;
b) ist ein anderes Wort für Straßenbildfreiheit;
c) kann mit dem Eigentumsrecht am Grundstück kollidieren;
d) bedeutet immer, ohne Drehgenehmigung agieren zu dürfen;
e) betrifft sowohl das bloße Anfertigen etwa eines Fotos als auch die Veröffentlichung;
f) kann dann zum Einsatz kommen, wenn es sich um urheberrechtlich geschützte Gegenstände handelt;
g) ist eine in vielen Rechtsordnungen vorgesehene Einschränkung des Urheberrechts;
h) steht nur dem Personenkreis der Film- und Fernsehschaffenden zu;
i) ist im StGB geregelt: § 242 StGB;
j) gilt auch für Innenräume von Gebäuden oder Galerien, sofern diese ohne Zahlung von Eintritt zugänglich sind.

Antwort:
b), c), d), e), f), g) müssen angekreuzt werden.

2) Bei einer Fremdproduktion...
a) handelt es sich ausschließlich um fiktionale Fernsehformate;
b) erwirbt der ausstrahlende Sender von einem Rechtehändler die Urheberrechte;
c) lässt sich Folgendes festhalten: Sie kann ein Unterfall der Eigenproduktion sein;
d) liegen alle Stufen des Produktionsprozesses in den Händen des ausstrahlenden Fernsehsenders;
e) beteiligen sich immer mehrere Sender an einer Produktion;

f) hat der ausstrahlende Sender keinen Einfluss auf den Inhalt der Sendungen;

g) ist der ausstrahlende Sender an der Finanzierung der Produktion beteiligt.

Antwort:
c) und f) müssen angekreuzt werden.

3) Anbei erhalten Sie den Personalauszug für einen Kurzdokumentarfilm (1 DT), der am 27.07.2017 gedreht wird.

Erstellen Sie die Personalkalkulation mithilfe den vorgegebenen Tagessätzen, wobei nur ganze Tagessätze abgerechnet werden.

Ein Tagessatz berechnet sich für eine Arbeitszeit von bis zu 10 Stunden.

Anmerkungen: Regisseur: 2.500 EUR / Tagessatz; Sound Designer: 400 EUR / Tagessatz; Colorist: 800 EUR / Tagessatz; Musikkomponist: 1.500 EUR / Tagessatz; Titeldesigner: 400 EUR / Tagessatz; Mischer: 450 EUR / Tagessatz.

Sie wollen den Standfotograf nach der Gagentabelle bezahlen, doch dieser argumentiert, dass seine Leistung ein Tagessatz von 350 EUR rechtfertigt. Sie schließen diesbezüglich einen Vertrag.

Funktion	Anzahl	Uhrzeit	Preis/Tag (EUR)	Summe (EUR)
Regisseur	1	9:00 - 19:30		
Kameramann	1	9:00 - 19:30		
1. Kameraassistent	2	9:30 - 19:30		
Tonmeister	1	9:30 - 19:30		
Tonassistent	1	9:30 - 19:30		
Produktionsfahrer	2	8:30 - 20:00		
Produktionsleitung	1	9:00 - 20:00		
Aufnahmeleiter	1	8:30 - 20:00		
Cutter	1	8:00 - 20:00		
Sound Designer	1	10:00 - 18:00		
Colorist	1	10:30 - 15:30		
Musikkomponist	1	8:00 - 20:00		
Titeldesigner	1	12:00 - 17:00		
Standfotograf	1	9:00 - 19:00		
Mischer	1	10:30 - 14:30		

Die Endsumme lautet demnach: _____ €

Wochengagen	bis Ende März 2016	ab April 2016 erhöht um 30,- €	ab Januar 2017 erhöht 3%
Regie-Assistenz	1.301 €	1.331 €	1.371 €
Continuity	1.058 €	1.088 €	1.121 €
Herstellungsleitung		2.323 €	2.393 €
Produktionsleitung	1.712 €	1.742 €	1.794 €
Produktionsleitungs-Assistenz	1.225 €	1.255 €	1.293 €
1. Aufnahmeleitung	1.301 €	1.331 €	1.371 €
2. Aufnahmeleitung	936 €	966 €	995 €
Motiv-Aufnahmeleitung	936 €	966 €	995 €
Filmgeschäftsführung	1.268 €	1.298 €	1.337 €
Assistenz der Filmgeschäftsführung		966 €	995 €
Filmbuchhaltung inkl. Kassenführung	936 €	966 €	995 €
Produktions-Sekretariat/Team-Assistenz	913 €	943 €	971 €
Produktionsfahrer (mit Produktionserfahrung)	692 €	722 €	744 €
Kameramann/-frau	2.755 €	2.785 €	2.869 €
Kamera-Schwenker (nicht lichtsetzend)	1.519 €	1.549 €	1.595 €
1. Kamera-Assistenz/DIT (Digital Imaging Technican)	1.290 €	1.320 €	1.360 €
2. Kamera-Assistenz/Daten-Assistenz	936 €	966 €	995 €
Material-Assistenz		966 €	995 €
Data Wrangler (HD)		966 €	995 €
Schnitt (Filmeditor)	1.434 €	1.464 €	1.508 €
1. Schnitt-Assistenz	848 €	878 €	904 €
2. Schnitt-Assistenz	736 €	766 €	789 €
Szenenbild	1.624 €	1.654 €	1.704 €
Szenenbild-Assistenz	1.090 €	1.120 €	1.154 €
Außen-Requisite	1.190 €	1.220 €	1.257 €
Innen-Requisite	1.058 €	1.088 €	1.121 €
Location-Scouting		966 €	995 €
Kostümbild	1.434 €	1.464 €	1.508 €
Kostümbild-Assistenz	1.023 €	1.053 €	1.085 €
Kostümberatung	1.235 €	1.265 €	1.303 €
Garderobe/Gewand	996 €	1.026 €	1.057 €
Maske	1.235 €	1.265 €	1.303 €
Ton	1.462 €	1.492 €	1.537 €
Ton-Assistenz	1.058 €	1.088 €	1.121 €
Tagesgagen			
Standfoto	209 €	215 €	221 €
Tänzer (bei Sololeistung +50%)	232 €	238 €	245 €

Antwort:

Anmerkung: Wenn es sich um Wochengagen handelt, können Sie den Tagessatz berechnen, indem Sie den Betrag durch 5 teilen! Eine Wochengage entspricht also 5 Arbeitstagen.

	Preis / Tag (EUR)	Summe (EUR)
Regisseur:	2.500	5.000
Kameramann:	573,80	1.147,60
1. Kameraassistent:	272	544
Tonmeister:	307,40	307,40
Tonassistent:	224,20	224,20
Produktionsfahrer:	148,80	595,20
Produktionsleitung:	358,80	717,60
Aufnahmeleiter:	274,20	548,40
Cutter:	301,60	603,20
Sound Designer:	400	400
Colorist:	800	800
Musikkomponist:	1.500	3.000
Titeldesigner:	400	400
Standfotograf:	350	350
Mischer:	450	450
	Endsumme:	15.087,60 €

4) Es werden Interviews auf einem Jahrmarkt durchgeführt. Bei den Aufnahmen sind immer mal wieder unbeteiligte Personen im Bild zu sehen.

Wie müssen die Voraussetzungen gegeben sein, damit Sie keine Einwilligung von den Personen für die Aufnahmen benötigen?

Antwort:

Wenn die Personen als Beiwerk neben einer Landschaft oder sonstigen Örtlichkeit erscheinen, ist keine Einwilligung notwendig.

Entscheidend ist, dass die abgebildete Person nicht besonders herausgestellt werden darf. Sie muss in der Masse verschwinden.

Anmerkung: Schauen Sie § 23 KunstUrhG an!

5) Worauf wirkt sich ein Drehverhältnis aus?

Antwort:

- Dauer der Dreharbeiten,

- Dauer der Schnittvorbereitung,

- Dauer des Schnitts,

- Auf die Anzahl und Aufnahmekapazität der Speichermedien / der Filmrollen etc.

Anmerkung: Je größer das Drehverhältnis ist, desto höher ist der Zeitaufwand bei den Dreharbeiten und beim Schnitt und damit steigen dann auch die Kosten!

6) Wie kann man ein Drehverhältnis günstig beeinflussen?

Antwort:

- Erstellen eines Drehplans,

- Erstellen eines Storyboards,

- Durchführung einer Vorbesichtigung etc.

7) In TV- und Filmkalkulationen können sogenannte „Zusatzkosten Gagen" berechnet werden.

Welche Positionen können hier aufgeschlüsselt werden?

Antwort:

- Urlaubsabgeltung,

- Sonn- und Feiertagsarbeit,

- Überstunden,

- Berufsgenossenschaft,

- Sozialversicherung (Arbeitgeberanteil),

- KSK etc.

8) Bei einer Filmproduktion verletzt sich der Szenenbildner. Der Produzent meldet den Unfall bei der Berufsgenossenschaft, die die Behandlungskosten für den Szenenbildner übernimmt.

Der Szenenbildner verlangt nach seiner Genesung Schmerzensgeld (Schadensersatz) vom Produzenten.
Unter welchen Voraussetzungen hat seine Klage Aussicht auf Erfolg?

Antwort:

Die Klage hat nur dann Erfolg, wenn grobe Fahrlässigkeit oder Vorsatz des Unfallverursachers nachgewiesen wurde. Liegt einer dieser Fälle nicht vor, ist Schmerzensgeld bei Betriebsunfällen ausgeschlossen!

9) In einem TV-Studio werden Aufzeichnungen einer Show mit Publikum gemacht. In welcher Art und Weise kann sich der

Produzent der Show rechtlich absichern, damit er Zwischenschnitte mit den Zuschauern verwenden kann?

Antwort:

- Auf der Eintrittskarte kann der Zusatz stehen, dass die Zuschauer sich mit dem Erwerb der Karte einverstanden erklären, im Studio aufgenommen zu werden,

- Im Warm-Up wird der Hinweis getätigt, dass Nahaufnahmen gemacht werden,

- Plakate im Vorraum des Studios, die darauf hinweisen, dass Aufnahmen von den Zuschauern im Studio gemacht werden etc.

10) Was versteht man unter einer Handkasse bei Filmproduktionen?

Antwort:

Darunter versteht man eine Kasse, aus der Geld für kleinere Barausgaben entnommen wird.
D. h. ein Mitglied aus dem Produktionsstab bekommt aus der Handkasse einen Bargeldbetrag, um einen Kauf durchzuführen. Hier ist jedoch darauf zu achten, dass das Mitglied den Betrag mit Rechnung und Restgeld abrechnet. Ein anderer Fall wäre, dass ein Mitglied aus dem Produktionsstab den Betrag kurzfristig auslegt und ihn dann gegen Vorlage der Rechnung / Quittung bar direkt aus der Handkasse erstattet bekommt.

11) Was versteht man unter einem Eigenbeleg?

Antwort:

Ein Eigenbeleg ist ein Ersatz für eine Rechnung / Quittung.

Eigentlich gilt der Grundsatz ordnungsgemäßer Buchführung: Keine Buchung ohne Beleg.
Wenn es nun aber keinen Beleg gibt – aus welchen Gründen auch immer – dann muss ersatzweise ein Eigenbeleg erstellt werden.

Voraussetzung: Es handelt sich um betriebliche Ausgaben!

Folgende Angaben muss der Eigenbeleg enthalten:

- Zahlungsempfänger mit Anschrift,

- Datum der Aufwendung,

- Art der Aufwendung,

- Gesamtpreis (einschließlich Umsatzsteuer),

- Grund für den Eigenbeleg (z. B. Verlust),

- Datum und Unterschrift

Anmerkung: Ein Vorsteuerabzug kann bei Eigenbelegen nicht durchgeführt werden.

12) Der Rundfunkrat...
a) ist das wichtigste Kontrollorgan einer öffentlich-rechtlichen Rundfunkanstalt.
b) wacht darüber, ob der Sender die Vorgaben aus den Rundfunkgesetzen einhält.
c) kontrolliert die wirtschaftliche Tätigkeit der Rundfunkanstalt.
d) ist für die Programmgestaltung verantwortlich.

e) wählt den Intendanten bzw. die Intendantin.
f) setzt sich aus Vertretern gesellschaftlich relevanter Gruppen und Organisationen zusammen.
g) setzt sich aus Persönlichkeiten des öffentlichen Lebens zusammen.
h) wird jährlich neu zusammengesetzt.

Antwort:

a), b), e) und f) ankreuzen.

13) Was soll mit der Zusammensetzung des Rundfunkrates sichergestellt werden?

Antwort:

Durch den Querschnitt der Bevölkerung soll sichergestellt werden, dass die vielen Meinungen unserer Gesellschaft Gehör finden.

14) Nennen Sie drei Institutionen oder Kommissionen, die Aufgaben nach dem Rundfunkstaatsvertrag für das duale System erfüllen und schildern Sie deren Aufgaben in einem Satz.

Antwort:
KEK – Kommission zur Ermittlung der Konzentration.
Verhindert einseitige Meinungsmächte / Machtverhältnisse beim privaten Rundfunk

KEF – Kommission zur Ermittlung des Finanzbedarfs.
Der Rundfunkbeitrag wird durch die KEF festgelegt.

Landesmedienanstalt.
Aufsichtsbehörde für privaten Hörfunk und privates Fernsehen. Sie vergibt Lizenzen für private Rundfunkanbieter und sie überwacht, ob das Programm der privaten Rundfunkanbieter inhaltlich ausgewogen ist und ob sich die Sender an gesetzliche Vorgaben halten.

15) Was versteht man unter „Spesen"? Wer legt die Spesensätze fest? Sind diese pro Land einheitlich?

Antwort:
Der umgangssprachliche Begriff „Spesen" ist gleichbedeutend mit dem steuerrechtlich korrekten Begriff „Verpflegungsmehraufwendungen".
Das Bundesfinanzministerium legt die Spesensätze fest.
Allerdings sind die Spesensätze nicht verpflichtend. Entscheidend ist, was im Arbeitsvertrag steht.
Wenn der Arbeitgeber die Spesen nicht zahlt, können sie als Werbungskosten von der Steuer abgesetzt werden.
Werbungskosten = Kosten, die jemand hat, der einen Beruf ausübt.
Die Spesensätze sind nicht immer einheitlich für jedes Land!

Kurzzusammenfassung: Nutzung von Drohnen

Die Drohnen-Verordnung ist am 7. April 2017 in Kraft getreten. Seit dem 1. Oktober 2017 gelten die Regelungen bezüglich der Kennzeichnungspflicht und die Pflicht zur Vorlage eines Drohnenführerscheins.

Vorschriften:

1. Kennzeichnungspflicht

Jede Drohne ab einem Startgewicht über 250 Gramm unterliegt der Kennzeichnungspflicht und muss mit der kompletten Adresse des Halters/Eigentümers gekennzeichnet sein, um im Schadensfall schnell den Halter feststellen zu können. Die Plakette muss lesbar angebracht und feuerfest sein.

2. Haftpflichtversicherung

Egal, ob Hobby oder gewerbliche Nutzung! Private Haftpflichtversicherung deckt dies i. d. R. nicht ab => Daher Zusatzversicherung notwendig.

3. Kenntnisnachweis: Drohnenführerschein

Für Drohnen über 2 Kilogramm ist das Mindestalter auf 16 Jahre festgesetzt + Drohnenführerschein (=> wird von einer vom Luftfahrtbundesamt befähigten Stelle ausgestellt). Der Drohnenführerschein gilt für 5 Jahre und ist für die gewerbliche und private Nutzung erforderlich.

4. Flughöhe laut Drohnen-Verordnung

Nicht über 100 Meter.

Betriebsverbot:

- das Fliegen außerhalb der Sichtweite,

- in und über sensiblen Bereichen: Menschenansammlungen, Krankenhäusern, Naturschutzgebieten, Wohngrundstücken, JVAs, Industrieanlagen, Kontrollzonen von Flugplätzen etc. Ausnahme bei den Wohngrundstücken: Wenn der durch den Betrieb über dem jeweiligen Wohngrundstück in seinen Rechten Betroffene dem Überflug ausdrücklich zustimmt,

- für den Betrieb bei Nacht ist eine Erlaubnis erforderlich (=> wird von den Landesluftfahrtbehörden erteilt).

Anhang: Datenschutz-Grundverordnung (DSGVO)

Am 25. Mai 2018 trat die (EU-)DSGVO (Datenschutz-Grundverordnung) in Kraft.

Wie sieht nun vor allem das Verhältnis der DSGVO zum Kunsturheberrechtsgesetz (KUG oder KunstUrhG abgekürzt) aus?

Fotos, auf denen Personen zu sehen sind, die identifizierbar sind, stellen „**personenbezogene Daten**" im Sinne der DSGVO dar. Der sachliche Anwendungsbereich der DSGVO ist gegeben, es sei denn, es handelt sich um persönliche oder familiäre Tätigkeiten.

Das heißt: Es muss die **ausdrückliche Einwilligung** zu der Verarbeitung von personenbezogenen Daten – hier der betreffenden Person – vorliegen.

Wie ist aber diese ausdrückliche (schriftliche) Einwilligung möglich bei Fotos, auf denen die Personen nur als Beiwerk erscheinen? Nach der DSGVO ist das erst einmal nicht mehr zulässig.

Nach dem KUG wäre es aber möglich (§ 23 KUG). Welches Gesetz hat nun Vorrang? Oder kann das KUG im Sinne der „Öffnungsklausel" (z. B. in Art. 85 II DSGVO) angewendet werden? Hierzu werden noch Urteile der Rechtsprechung erwartet.

Ein weiteres Problem ist die **Widerrufsmöglichkeit** der Einwilligungserklärung, über die der Betroffene auch informiert werden muss. Nach der DSGVO ist ein Widerruf **jederzeit** möglich. Nach dem KUG kann eine Einwilligung nur widerrufen werden, wenn die Veröffentlichung den Betroffenen in seiner Persönlichkeit empfindlich beeinträchtigt. Hier existiert also eine große Hürde! Es ist immer eine Frage des Einzelfalles.

Würde der Betroffene jederzeit und ohne Angabe von Gründen widerrufen können, würde keine Rechtssicherheit mehr bestehen. Auch hier bleibt abzuwarten, wie die deutschen Gerichte entscheiden werden.

▶ Unsere 📖 Skripten 🗂 Karteikarten 🎧 Hörbücher (CD & MP3)

Zivilrecht

- 📖 Standardfälle für Anfänger (7,90 €)
- 📖 🎧 Standardfälle BGB AT (7,90 €)
- 📖 🎧 Standardfälle Schuldrecht (7,90 €)
- 📖 🎧 Standardfälle Ges. Schuldverh., §§ 677, 812,823
- 📖 🎧 Standardfälle Sachenrecht (9,90 €)
- 📖 🎧 Standardfälle Familien- und Erbrecht (9,90 €)
- 📖 Klausuren Übung für Fortgeschrittene (7,90 €)
- 📖 🎧 Basiswissen BGB (AT) (Frage-Antwort)
- 📖 🎧 Basiswissen SchuldR (AT) 📖 🎧 SchuldR (BT) (7 €)
- 📖 🎧 Basiswissen Sachenrecht, 📖 🎧 FamR, 📖 🎧 ErbR
- 📖 Einführung in das Bürgerliche Recht (7,90 €)
- 📖 Studienbuch BGB (AT) (12 €)
- 📖 Studienbuch Schuldrecht (AT) (12 €)
- 📖 Schuldrecht (BT) 1 - §§ 437, 536, 634, 670 ff. (9,90 €)
- 📖 Schuldrecht (BT) 2 - §§ 812, 823, 765 ff. (9,90 €)
- 📖 SachenR 1 – Bewegl. S., 📖 SachenR 2 – Unb. S. (9,9 €)
- 📖 Familienrecht und 📖 Erbrecht (Einführungen) (9,90 €)
- 📖 Streitfragen Schuldrecht (7,90 €)
- 📖 🎧 Definitionen für die Zivilrechtsklausur (9,90 €)

Strafrecht

- 📖 🎧 Standardfälle Band 1: für Anfänger (9,90 €)
- 📖 Standardfälle Band 2: für Fortgeschrittene (12 €)
- 📖 Standardfälle StGB Allg. Teil (für Anfänger) (7,90 €)
- 📖 🎧 Basiswissen Strafrecht (AT) (Frage-Antwort)
- 📖 🎧 Basiswissen Strafrecht BT 1 und 🎧 BT 2 (7 €)
- 📖 Strafrecht (AT) (7,90 €)
- 📖 Strafrecht (BT) 1 – Vermögensdelikte (9,90 €)
- 📖 Strafrecht (BT) 2 – Nichtvermögensdelikte (9,90 €)
- 📖 🎧 Definitionen für die Strafrechtsklausur (7,90 €)

Irrtümer und Änderungen vorbehalten!

Öffentliches Recht

- 📖 Standardfälle Staatsrecht I – StaatsorgaR (9,90 €)
- 📖 Standardfälle Staatsrecht II – Grundrechte (9,90 €)
- 📖 🎧 Standardfälle f. Anfänger (StaatsorgaR u. GRe) (7,9 €)
- 📖 🎧 Standardfälle Verwaltungsrecht (AT) (9,90 €)
- 📖 Standardfälle Polizei- und Ordnungsrecht (9,90 €)
- 📖 Standardfälle Baurecht (9,90 €)
- 📖 Standardfälle Europarecht (9,90 €)
- 📖 Standardfälle Kommunalrecht (9,90 €)
- 📖 🎧 Basiswissen StaatsR I –StaatsorgaR (Fr-Antw.) (7 €)
- 📖 🎧 Basiswissen StaatsR II –GrundR (Frage-Antw.) (7 €)
- 📖 Basiswissen VerwaltungsR AT– (Frage-Antwort) (7 €)
- 📖 Studienbuch Staatsorganisationsrecht (9,90 €)
- 📖 Studienbuch Grundrechte (9,90 €)
- 📖 Studienbuch Verwaltungsrecht AT (12 €)
- 📖 Studienbuch Europarecht (12,90 €) 🎧 Basiswissen EuR
- 📖 Staatshaftungsrecht (9,90 €)
- 📖 VerwaltungsR AT 1 – VwVfG u. 📖 AT 2–VwGO (9,90 €)
- 📖 VerwaltungsR BT 1 – POR (9,90 €)
- 📖 VerwaltungsR BT 2 – BauR 📖 BT 3 – UmweltR (9,90 €)
- 📖 🎧 Definitionen Öffentliches Recht (9,90 €)

Steuerrecht

- 📖 Abgabenordnung (AO) (9,90 €)
- 📖 Erbschaftsteuerrecht (9,90 €)
- 📖 Steuerstrafrecht/Verfahren/Steuerhaftung (7,90 €)

Sozialrecht

- 📖 Kinder- und Jugendhilferecht (7,90 €)
- 📖 Sozialrecht (9,90 €)

Nebengebiete

- 📖 🎧 Standardfälle Handels- & GesR (9,90 €)
- 📖 🎧 Standardfälle Arbeitsrecht (9,90 €)
- 📖 Standardfälle ZPO (9,90 €)
- 📖 Basiswissen HandelsR (Frage-Antwort) (7,9 €)
- 📖 Basiswissen Gesellschaftsrecht (7,90 €)
- 📖 Basiswissen ZPO (Frage-Antwort) (7,90 €)
- 📖 Basiswissen StPO (Frage-Antwort) (7,90 €)
- 📖 Handelsrecht (9,90 €)
- 📖 Gesellschaftsrecht (9,90 €)
- 📖 Arbeitsrecht (9,90 €)
- 📖 Kollektives Arbeitsrecht (9,90 €)
- 📖 ZPO I – Erkenntnisverfahren (9,90 €)
- 📖 ZPO II – Zwangsvollstreckung (9,90 €)
- 📖 Strafprozessordnung – StPO (9,90 €)
- 📖 Einf. Internationales Privatrecht - IPR (9,90 €)
- 📖 Standardfälle IPR (9,90 €)
- 📖 Insolvenzrecht (9,90 €)
- 📖 Gewerbl. Rechtsschutz/Urheberrecht (9,90 €)
- 📖 Wettbewerbsrecht (9,90 €)
- 📖 Ratgeber 500 Spezial-Tipps für Juristen (12 €)
- 📖 Mediation (9,90 €)
- 📖 Sportrecht (9,90 €)

Karteikarten (je 9,90 €)

- 🗂 Zivilrecht: BGB AT/SchuldR/Grundlagen/Schemata
- 🗂 Strafrecht: AT/BT-1/BT-2/Streitfragen
- 🗂 Öff. R.: StaatsorgaR/GrundR/VerwR/Schemata

Assessorexamen

- 📖 Der Aktenvortrag im Strafrecht (7,90 €)
- 📖 Der Aktenvortrag im Zivilrecht (7,90 €)
- 📖 Der Aktenvortrag im Öffentlichen Recht (7,90 €)
- 📖 Staatsanwalt. Sitzungsdienst & Plädoyer (9,90 €)
- 📖 Die strafrechtliche Assessorklausur (7,90 €)
- 📖 Die Assessorklausur VerwR Bd. 1 (7,90 €)
- 📖 Die Assessorklausur VerwR Bd. 2 (7,90 €)
- 📖 Vertragsgestaltung in der Anwaltstation (7 €)

Irrtümer und Änderungen vorbehalten!

BWL

- 📖 Einführung i. die Betriebswirtschaftslehre (7,90 €)
- 📖 Organisationsgestaltung & -entwickl. (9,90 €)
- 📖 Fallstudien Organisationsgestaltung & -entwickl.
- 📖 Internationales Management (7 €)
- 📖 Wie gelingt meine wiss. Abschlussarbeit? (7 €)
- 📖 Medienwirtschaft für Mediengestalter (14,90 €)

Irrtümer und Änderungen vorbehalten!

Schemata

- 📖 Die wichtigsten Schemata-ZivR,StrafR,ÖR (14,90)
- 📖 Die wichtigsten Schemata–Nebengebiete (9,90 €)

🎧 bedeutet: auch als **Hörbuch** (CD oder MP3-Download) lieferbar!

Bei **niederle-media.de** bestellte Artikel treffen idR *nach 1-2 Werktagen* ein!